Helen Müller-Frei

Zu Befehl, Herr Direktor!

Erlebnisse auf der Chefetage

Schweizer Literaturgesellschaft

Die Deutsche Nationalbibliothek verzeichnet diese Publikation in der Deutschen Nationalbibliografie; detaillierte bibliografische Daten sind im Internet über dnb.dnb.de abrufbar. Die Schweizerische Nationalbibliothek (NB) verzeichnet aufgenommene Bücher unter Helveticat.ch und die Österreichische Nationalbibliothek (ÖNB) unter onb.ac.at.

Unsere Bücher werden in namhaften Bibliotheken aufgenommen, darunter an den Universitätsbibliotheken Harvard, Oxford und Princeton.

Helen Müller-Frei:
Zu Befehl, Herr Direktor! Erlebnisse auf der Chefetage
ISBN: 978-3-03883-019-1

Buchsatz: Danny Lee Lewis, Berlin: dannyleelewis@gmail.com

Schweizer Literaturgesellschaft ist ein Imprint der
Europäische Verlagsgesellschaften GmbH
© Copyright 2017
Sie finden uns im Internet unter: www.Literaturgesellschaft.ch

Inhalt

5

Vorwort

Die Autorin blickt in der ihr eigenen, frischen Art zurück auf alltägliche Herausforderungen und Schwierigkeiten am Arbeitsplatz und erzählt von Hilfe und Führung aus scheinbar ausweglosen Situationen. Es sind Mut machende Berichte, wie man im harten Business wahr bleiben und sich bewähren kann. Wie man mit Mut und Gelassenheit, mit Beherztheit und oft auch Waghalsigkeit zum Geschäftserfolg beizutragen vermag. Das Lesen dieses Buches weckt den Wunsch, sich in den beruflichen Herausforderungen auch diesem liebenden Gott anzuvertrauen. Die Autorin hat das in erster Auflage 1997 unter ihrem ledigen Namen *Helen Frei* veröffentlichte Buch in dieser neuen Auflage etwas aufgefrischt. Sie hatte damals zum Schutz der Lehrlinge deren Namen geändert. Da alle inzwischen in ihrem Beruf Karriere gemacht haben, ist es zu verantworten, dass sie in diesem Buch nun mit den richtigen Namen genannt werden. Wer von Anfang an wissen möchte, wie die Autorin zu ihrer Geistesgesinnung gekommen ist, kann es im letzten Kapitel »Der große Tag« lesen. Alle Geschichten sind in sich abgeschlossen und nicht chronologisch angelegt.

Der Kopierapparat

An Gottes Segen ist alles gelegen.

Der Direktor und Firmeninhaber Hannes Zschokke war am Aufbrechen in die Ferien. Er zählte nochmals kurz die Dinge auf, die ich während seiner Abwesenheit dringend erledigen sollte. »Und das Wichtigste nicht vergessen: Einen Kopierapparat besorgen!« »Was darf er denn kosten?«, fragte ich. »Tausend Franken«, antwortete er. Wir hatten unsere Büros zusammen mit einer anderen Firma in einem Altbau, der nächstens abgerissen werden sollte. In einem Mittelgang war ein Kopierapparat aufgestellt, der zwar der anderen Firma gehörte, aber von uns gegen Verrechnung benutzt werden konnte. Beide Firmen hatten sich nach anderen Büroräumlichkeiten umsehen müssen und jede anderswo etwas gefunden. So mussten wir für unsere neuen Büros einen Kopierapparat anschaffen. Ich begann sofort mit der telefonischen Einholung von Offerten. »Wie viel darf der Apparat denn kosten?«, fragte die zuständige Dame. »Tausend Franken.« »In dieser Preislage gibt es aber nichts dergleichen, wie Sie es wünschen, der all das kann, was Sie aufgezählt haben! Dafür müssen Sie schon zehntausend Franken einsetzen«, antwortete die Dame freundlich. Ich hatte keine Ahnung gehabt, dass Kopierer so teuer waren. Also versuchte ich mein Glück bei einer anderen Firma, und einer nächsten, und einer weiteren usw. Bei allen war das Gleiche zu hören: »Was Sie sich wünschen, kostet mindestens zehntausend Franken.« Ich kam mir immer lächerlicher vor mit meinen tausend

Franken, die ich für einen Apparat einsetzen durfte. Der Direktor war doch sonst so großzügig. Wie konnte er denn jetzt so knausrig sein und nur läppische tausend Franken lockermachen? So dachte ich ärgerlich. Aber Befehl war Befehl! Ein Apparat musste her und zwar für tausend Franken. Im Notfall eine Occasion. So publizierte ich ein Inserat in der Tageszeitung: »Occasions-Kopiergerät zu kaufen gesucht.« Am Erscheinungstag lief das Telefon heiß. Lauter vorsintflutliche Geräte wurden zum Kauf angeboten. Für unsere Bedürfnisse völlig ungeeignet. Ich hatte mir schon vorgenommen, das Inserat mit etwas präzisierter Umschreibung zu wiederholen. Doch dann kam noch ein Telefonanruf von einer Bank. »Sie hatten vor ein paar Tagen im Tagblatt ein Inserat wegen eines Occasionskopierers. Ist das noch aktuell?«, fragte der Anrufer. »Ja.« »Wieviel wollen Sie dafür bezahlen?« »Es ist mir lieber, wenn Sie sagen, wieviel Sie verlangen.« »Nein, sagen Sie bitte, wieviel Sie dafür bezahlen wollen.« »Ach«, antwortete ich, »es ist mir sehr peinlich. Aber ich habe ein Limit von nur tausend Franken.« »Was, nur tausend Franken? Das ist schon etwas wenig!« sagte der Mann enttäuscht. »Wir haben einen Kopierapparat, der mit allen Schikanen und modernsten Funktionen ausgerüstet ist. Sein Neupreis war achtzehntausend Franken. Er ist knapp zwei Jahre alt. Wir mussten ihn aus einem Leasinggeschäft zurücknehmen. Nun steht er in unseren Büros und versperrt uns den Platz.« »Tut mir leid, aber ich muss mich an mein Limit halten«, sprach ich bedauernd und erwartete, dass das Gespräch nun zu Ende sei. Es war auch über längere Augenblicke still in der Leitung. Der Mann schien das Ganze nochmals zu überdenken. Dann sagte er entschlossen: »Ach, dieser Apparat steht uns wirklich im Weg. Also gut, Sie können ihn haben für tausend Franken.« Hatte ich recht gehört? Der wollte mir tatsächlich den Kopierer geben für tausend Franken? Einen knapp zweijährigen Apparat im Neuwert von achtzehntausend Franken!? Der ist ja nicht bei Trost, dachte ich. Dass der sich's nur ja nicht noch anders überlegt. Auf keinen Fall soll er darüber schlafen, sonst ändert er womöglich seine Meinung noch. Also wollte ich das Geschäft schnellstens abwickeln. »Darf ich gleich vorbeikommen und den Kaufvertrag abschliessen?«, fragte ich schnell. »Den Apparat werden wir dann morgen abholen.« Er war damit einverstanden. So wurde dieses Kaufgeschäft gleichentags erledigt und der Kopierer am andern Tag in unser Büro geholt. Als der Direktor von seinen Ferien zurückkam, wurden als erstes die »dringenden Pendenzen« drangenommen. Als es zum Punkt Kopierapparat kam, sagte ich: »Also, das muss ich schon sagen, das war sehr schwierig, einen Kopierer für tausend Franken zu finden. Die kosten ja alle um die zehntausend Franken herum. Ich habe ein Inserat aufgegeben und dachte, dass uns eine gute Occasion genauso dienen würde. Ich habe nun etwas Passendes gefunden für tausend Franken. Aber das war wirklich schwierig!« »Wer redet denn da von tausend Franken?«, entgegnete der Direktor verwundert. »Ich hatte Ihnen doch gesagt, zehntausend Franken!« Mir verschlug es die Sprache! *Zehntausend* hatte der Direktor gesagt und ich hatte nur *tausend* gehört. Und augenblicklich wusste ich, dass das von Gott war. Bestimmt wollte er unsere Firma auf diese Weise segnen. Wir hatten also einen Apparat im Wert von achtzehntausend Franken für »tausend« Franken erhalten!

Die Marmorsteinlieferung

Werfet eure Sorgen auf ihn, er sorget für euch. 1. Petrus 5,7

Direktor Zschokke hatte im Architekturauftrag ein bestehendes Restaurant zu vergrößern. Als Architekt und Ästhet war ihm nur das Beste gut genug. So ging er eigens nach Italien in die Toskana, um dort ein altes Haus zu kaufen, es abzureißen und seine Steine für den Boden des Restaurant-Anbaus zu verwenden. Dabei ging das so zu: Die Marmorsteine wurden freigemeißelt und per Lastwagen an den Bestimmungsort in der Schweiz transportiert. In der Regel alle zwei Wochen ein Lastwagen mit vollem Anhänger. Es war vereinbart, dass der Chauffeur des jeweiligen Transportes uns einen Tag zuvor anrufen sollte, damit wir den Platz für die Steinlieferung und auch das Geld für die Rückzahlung des Zolls, den er jeweils an der Grenze für die Ware zu bezahlen hatte, bereithalten sollten. In der Regel waren das so gegen tausend Franken. Soeben war der Anruf der Firma aus der Toskana gekommen, der Chauffeur werde anderntags so gegen sechzehn Uhr bei uns ankommen. Ich überlegte, ob ich gleich aufstehen und den Direktor um das Geld bitten sollte. Seit man die Finanzgeschäfte via Bank abwickelte, verfügte man in einem Betrieb wie dem unseren üblicherweise nicht mehr über viel Bargeld. Man hatte höchstens ein »kleines Kässeli« mit vielleicht ein-, zweihundert Franken, für den Kaffee-Einkauf usw. Ach, dachte ich, das hat bis morgen Zeit, jetzt mag ich nicht aufstehen – und wandte mich wieder meiner Arbeit zu. In der folgenden Nacht musste Herr Zschokke notfallmäßig ins Spital eingeliefert werden. Es ging um Leben und Tod. Es war große Aufregung deswegen – bei seiner Familie und bei uns im Büro. Würde der Direktor am Leben bleiben? Kurz vor Mittag kam mir plötzlich in den Sinn, dass ich heute Nachmittag eintausend Franken haben musste. Und nun war der Chef nicht da! Ich hatte zu jener Zeit noch keine Handlungsvollmacht oder Unterschriftsberechtigung, um das Geld direkt bei der Bank zu beziehen. Was sollte ich bloß tun? Persönlich hatte ich diesen Betrag auch nicht verfügbar, ich hätte ihn sonst von mir genommen. Da kam mir ein Gedanke: Ich könnte bei unserer Hausbank einen Kleinkredit aufnehmen. Der Geschäftsführer kannte mich gut. Er würde ihn mir bestimmt geben. Ich durfte natürlich nicht im Namen unserer Firma oder für das Geschäft bitten. Denn das könnte suspekt wirken und die Frage aufwerfen: Sind die etwa nicht mehr zahlungsfähig? Also musste ich das Ganze über mich privat erledigen. Etwas peinlich war es mir schon, als ich dem Geschäftsführer gegenüberstand und ihn um einen Kleinkredit im Betrag von eintausend Franken bat. Er war sehr zuvorkommend: »Ich will Ihnen gerne helfen, Frau Frei. Bitte füllen Sie diese Formulare aus. Ich werde sie dann sofort zur Bearbeitung weiterleiten.« »Bis wann kann ich das Geld haben?« »Nun, ein paar Tage wird es schon dauern.« »Das ist mir zu spät. Ich muss es jetzt gleich haben«, sagte ich verlegen. »Das ist unmöglich. Wir haben da unsere Vorschriften. Sie wissen, der Amtsweg, er muss eingehalten werden. Tut mir wirklich leid.« Ich glaubte es ihm. Ich verließ die Bank und ging wieder ins Büro. Dort betete ich zu Jesus, er möge mir doch zeigen, was ich noch tun könnte. Es kam mir kein weiterer Gedanke. Also legte ich im Gebet diese Sorge bei Jesus ab, der uns in der Bibel verspricht: »Alle eure Sorgen werfet auf ihn, er sorget für euch!« Ich ging wieder an die Arbeit – und vergaß das Geld. Um halb vier Uhr kam ein Mieter in unser Büro, der in einer unserer Liegenschaften ein Lager gemietet hatte. Er sprach: »Ich wollte soeben auf die Post und meine Lagermiete einzahlen. Da sah ich, dass dort so viele Leute Schlange standen und dachte, ich könnte ja eigentlich direkt bei Ihnen im Büro verbeikommen und die Miete bar bezahlen. Hier sind die tausend Franken für das dritte Quartal.« Ich war sprachlos. Genau so viel Geld brauchte ich für den Chauffeur mit den Marmorsteinen, um ihm die Zollgebühren zurückzuzahlen! Als der Chauffeur bald darauf mit den Steinen ankam und ich ihm das Geld überreichte, war es mir, als läge eine besondere Weihe darauf.

Die Lohnerhöhung

Lasst euch genügen an dem, was da ist. Hebräer 13,5

»Finden Sie diese Lohnerhöhung nicht ein bisschen hoch?«, fragte mich Direktor Zschokke, als ich ihm die neue Lohnliste für die Mitarbeiter, die meinem Verantwortungsbereich unterstellt waren, zur Mitunterzeichnung vorlegte. Des Direktors Frage bezog sich insbesondere auf den neuen Lohn von Herrn Bopp. »Ich denke, Herr Bopp hat es verdient. Sein Einsatz ist überdurchschnittlich. Er ist immer da, wenn wir ihn brauchen. Und was er tut, ist sehr gut getan«, begründete ich meinen Entscheid. »Nun, wenn Sie meinen«, kommentierte der Direktor achselzuckend und unterschrieb den Dauervergütungsauftrag für die neuen Lohnzahlungen im kommenden Jahr. Er redete mir eigentlich nie in meine Entscheidungen hinein, sondern ließ mir freien Handlungsspielraum. Was meinen Lohn anbetraf, regelte dies der Direktor immer über den Vizedirektor Heinz Kurpf, der gleichzeitig sein Finanzberater und engster Vertrauter war. Dieser war nicht regelmäßig bei uns im Betrieb, denn er hatte noch ein eigenes Treuhandbüro anderswo. Überhaupt waren diese beiden zusammen ein besonderes Gespann. Fast wie Vater und Sohn. Dieser »Sohn« hatte mir zwar einmal im Vertrauen geklagt: »Ich muss dauernd hinter ihm herlaufen mit Schaufel und Besen und die Pferdeäpfel auflesen, die er fallen lässt!« Der »Vater« war ein Finanzjongleur aus Passion. Er ließ mit einem unbändigen Tatendrang die Finanzbälle in die Luft sausen und konnte sie in der Regel mit einer Leichtigkeit auch wieder auffangen. Aber es entglitt ihm doch hie und da mal einer und brachte ihn an den Rand des Ruins. Aber er blieb ein Stehaufmännchen. Und eben – der »Sohn« war ein Betriebswirtschaftsgenie und brachte meistens den vom »Vater« angerichteten Schaden wieder in Ordnung. So sah also das harmonische Verhältnis zwischen den beiden aus. Eben hatte ich die Bankanweisung für meinen Januarlohn erhalten. Einen Moment stockte mir der Atem. Hatte ich recht gesehen? Mein Lohn war noch der gleiche wie im letzten Jahr! Keine Lohnerhöhung, kein Teuerungsausgleich, nichts! Dabei war doch im ganzen Land Hochkonjunktur. »Herr Jesus«, betete ich aufgeregt, »hast du das gesehen? Nicht mal Teuerungsausgleich habe ich erhalten, der mir doch vertraglich zustünde! Ist das von dir? Hast du das so gewollt?« Es kam ein Sturm auf in meinem Herzen. Hatte ich nicht den mir Untergebenen großzügige Lohnerhöhungen gegeben, und nun sollte ich selbst gar keine bekommen? Das konnte ich nicht verstehen. Der Direktor war doch immer mit mir zufrieden und gab seiner Wertschätzung auch gebührend Ausdruck. Er war doch sonst immer so großzügig. Das war nicht seine Art, mir nun plötzlich keine Lohnerhöhung zu geben. Der hat das Ganze bestimmt vergessen, entschuldigte ich ihn. Sicher wird es ihm plötzlich einfallen. Dann wird er eine Nachzahlung mit dem Februarlohn vornehmen. In dieser Erwartungshaltung ließ ich den Februar zu Ende gehen. Voller Spannung öffnete ich das Couvert mit der Bankanweisung für den Februarlohn. Zu meinem großen Erschrecken war wieder der gleiche Lohn gutgeschrieben wie im Januar! Nun rollte eine Flut von Fragen über mich herein. Habe ich nicht recht gearbeitet? Habe ich etwas falsch gemacht? Mag mich der Direktor nicht mehr? Dass wir an unseren vielen Verwaltungsmandaten, die ich alle allein betreute, überaus gut verdienten, wusste ich ja selber. Also konnte der Grund nicht in mangelnder Rendite liegen. Aber was war dann der Grund? »Bitte, Herr Jesus«, betete ich wieder, »hilf mir zu verstehen, was du mir damit sagen willst. Ich bin doch selber nicht knausrig gewesen, sodass ich deswegen nun eine Lektion zu lernen hätte. Findest du vielleicht, ich sei neidisch, und du möchtest mich davon kurieren?« Ich versuchte mich in die Empfindung hineinzudenken, dass ich Herrn Bopp eine so große Lohnerhöhung gegeben und nun selbst keine bekommen hatte. Missgönnte ich Herrn Bopp etwa seine Lohnaufbesserung? Nein!, konnte ich entschieden sagen. Ich mag sie ihm und allen anderen von Herzen gönnen. Oder bin ich etwa geldgierig?, prüfte ich mich. Nein, urteilte ich, ich verdiene ja so überdurchschnittlich gut, dass ich noch immer mehr habe, als ich lebensnotwendig brauche. Aber das Ganze ließ mich nicht mehr los. Ich beobachtete von nun an den Direktor ganz genau, seine Reaktionen mir gegenüber, ob er mir wohl nicht mehr so zugetan war wie früher. Aber ich stellte nichts Sonderliches fest. Er war wie eh und je. Er schien es schlicht und einfach vergessen zu haben! In letzter Zeit hatte ich ihn sowieso mehrere Male dabei ertappt, dass er Dinge vergaß. »Soll ich es ihm sagen, Herr Jesus, oder sagst du es ihm?«, fragte ich den Herrn einige Zeit später im Gebet. Sogleich fiel mir ein Sinnspruch ein, den ich kürzlich gelesen hatte: »Du darfst Gott um seinen Segen für deine Arbeit bitten, aber erwarte nicht, dass er sie auch noch tut!« So beschloss ich, bei Gelegenheit den Direktor diskret auf die vergessene Lohnerhöhung »hinauf zu lupfen«. So ganz beiläufig sagte ich zu ihm: »Ach, wie doch wieder alles teurer geworden ist!« – Ob er's merkt? »Da haben Sie recht. Aber was will man machen?«, war sein banaler Kommentar. »Er hat's nicht gemerkt, Herr Jesus! Sagst du es ihm nun?«, flüsterte ich Jesus zu. »Mangelt es dir an irgendetwas? Reicht der jetzige Lohn nicht aus?« Das war Jesus spontane Gegenfrage. Eine Schamröte überkam mich und eine Reue, dass ich die ganze Sache

19

noch nicht losgelassen hatte. Ich nahm mir fest vor, von nun an nicht mehr an diese unterlassene Lohnerhöhung zu denken. Aber wie eine Schiffsboje kamen die Gedanken darüber immer wieder an die Oberfläche. Wie oft hatte ich den Direktor in letzter Zeit an vergessene Termine erinnern müssen. Da war doch auch nichts Unschickliches dabei. Wieso sollte ich ihn denn nicht daran erinnern, dass er meine Lohnerhöhung vergessen hatte? Natürlich wollte ich ihn nicht so direkt erinnern, sondern indirekt. Ein Zufall, allerdings ein unliebsamer, kam mir dabei zu Hilfe. Ich bekam für meine Wohnung eine Mietzinserhöhungsanzeige! Als ich das nächste Mal beim Direktor zum Diktat saß, seufzte ich theatralisch: »Ach, diese Teuerung! Jetzt haben die auch noch meinen Mietzins erhöht!« – Ob er's jetzt merkt? »Haben wir eigentlich die Mietzinse bei unseren Mietern auch erhöht? Das haben Sie doch wohl nicht vergessen?«, fragte der Direktor unschuldig zurück. Er hatte es wieder nicht gemerkt! Aber plötzlich fühlte ich mich von Augen ertappt, die mich fragend ansahen: »Kannst du die Sache noch immer nicht loslassen?« Ich wusste, es war die Stimme Jesu. Ich schämte mich bis ins Innerste. »Also gut, Herr, ich kapituliere. Du hast deine guten Gründe, mir meinen alten Lohn beizubehalten. Und ich kann ja nur voll Dankbarkeit bezeugen, dass ich noch immer mehr als genug und nötig habe. Bitte, hilf mir nun, die Sache auch zu vergessen.« Und in der Tat, ich vergaß das Ganze mehr oder weniger. Es berührte mich jedenfalls nicht mehr, wenn ich daran dachte. Im Laufe des Monates April kam eines Tages Herr Karpf zu mir ins Büro und sagte ganz aufgeregt: »Ach, Frau Frei, nun sehen Sie mal, was mir passiert ist!« Er hielt eine Unterschriftenmappe in der Hand, die er öffnete und mir daraus einen Brief darreichte. »Da ist immer noch der Brief mit Ihrer Lohnerhöhungsanzeige und dem neuen Bankvergütungsauftrag drin! Diese hätte ich Ihnen doch schon längst geben sollen. Ich weiß nicht, wie mir das passieren konnte! Wahrscheinlich habe ich aus Versehen eine andere Unterschriftenmappe auf diese Mappe draufgelegt und dadurch die Sache vergessen. Bei Bedarf habe ich dann immer nur die oben aufliegende Unterschriftenmappe genommen. Das tut mir aufrichtig leid. Selbstverständlich bekommen Sie alles nachbezahlt!« Er hielt einen Moment inne und sagte dann kopfschüttelnd: »Aber, dass Sie nie etwas gesagt haben? Sie wissen doch, dass Sie zumindest den Teuerungsausgleich zugute gehabt hätten!« Als ich den Betrag sah, der mir als Lohnerhöhung angezeigt wurde, stockte mir einen Augenblick der Atem. Es war eine außergewöhnlich hohe Lohnerhöhung, die höchste, die ich je in meinem Berufsleben auf einmal erhalten hatte. Riesengroß wie die Freude war, kam doch plötzlich auch eine tiefe Scham über mich. Hätte nicht der Direktor die ganze Zeit über einen Dank von mir erwarten dürfen? Und ich hatte ihm gegenüber nie Freude oder Dankbarkeit für seine massive Lohnerhöhung gezeigt! Denn dass ich die Lohnerhöhungsanzeige nicht bekommen hatte, wusste er ja gar nicht. Als ich daraufhin dem Direktor meiner großen Freude und Dankbarkeit gebührend Ausdruck gegeben hatte und ihm natürlich vom Missgeschick mit der Unterschriftenmappe erzählte, lachte er nur herzlich und freute sich spitzbübisch an meiner großen Freude. Mein sonderbares Verhalten schien ihm gar nicht aufgefallen zu sein.

Die doppelt vermietete Wohnung

Ich will euch zu Hilfe kommen in der Not. Jeremia 15,11

Soeben hatte sich wieder ein Mieter beschwert über die Familie Pessaloc, die im selben Mehrfamilienhaus wohnte. Die Kinder seien frech, trieben Vandalismus, plagten die Nachbarkinder, würden die Erwachsenen mit ordinären Schimpfworten bewerfen usw. Die Kinder, von denen die Rede war, waren ein Mädchen im Alter von acht und ein Junge von zehn Jahren. Es hieß, die Mutter sei Alkoholikerin. Der Vater war eher unauffällig. Ich hatte schon mehrere Male mit dieser Familie telefoniert oder ihr geschrieben und sie aufgefordert, die Kinder in Zucht zu nehmen und die Hausordnung einzuhalten. Ich wollte langmütig sein und gab ihr immer wieder eine Chance: »Das nächste Mal muss ich Ihnen kündigen!« Immer gab ich noch ein weiteres nächstes Mal zu. Doch als dann gar eine Unterschriftensammlung der übrigen Hausbewohner auf meinem Schreibtisch lag, musste ich handeln. Ich kündigte der Familie am 3. März die Wohnung per 31. März auf den 30. Juni. Nun war die Frist von 30 Tagen abzuwarten, innerhalb derer der gekündigte Mieter ein Fristerstreckungsgesuch beim Bezirksgericht beantragen konnte. Es war ratsam, die Wohnung bis zum Ablauf dieser Frist, in unserem Fall also bis zum 3. April, nicht weiterzuvermieten. Am 31. März telefonierte die Hauswartin: »Frau Frei, die Frau Pessaloc hat mir soeben gesagt, dass sie eine Wohnung gefunden haben auf den 1. Juli. Sie hat mich gefragt, ob ich ihre Wohnung nach dem Auszug putzen würde. Ich habe ihr versprochen, das zu tun. Nun können Sie also die Wohnung weitervermieten.« Das war ja eine herrliche Nachricht, just am Letzten des Monates! Eine Familie Delscher hatte sich bei uns schon lange auf die Warteliste für eine Wohnung im obersten Stockwerk setzen lassen. Und die Pessaloc-Wohnung war im obersten Stock. Die würden sich über die Mitteilung freuen, dass sie diese Wohnung auf den 1. Juli bekommen könnten. Ich rief gleich an. »O ja, ich bin an der Wohnung noch immer interessiert. Ich freue mich sehr, wenn ich sie haben kann. Nur, Sie wissen, auch meine Wohnung muss ich kündigen auf den 30. Juni. Bevor ich das tue, möchte ich natürlich schon zuerst den Mietvertrag der neuen Wohnung in Händen haben. Sie müssten mir den Mietvertrag also per Express zuschicken, damit ich anschließend, d.h. ebenfalls noch heute, meine Wohnung kündigen kann.« Ich versicherte Frau Delscher, den Vertrag gleich aufzusetzen und ihr express zuzustellen. Der Vertrag kam rechtzeitig bei ihr an, und sie konnte ebenfalls noch rechtzeitig ihre Wohnung termingerecht kündigen. Den ganzen Tag über war mein Herz voll Jubel über die so mühelose Weitervermietung der Wohnung. Das gab es ja sonst selten. Da musste man Inserate in der Zeitung publizieren, musste den Interessenten die Wohnung zeigen usw. Also lauter Umtriebe und Kosten. Und nun nichts von alledem. Ich dankte Gott unentwegt für den guten Ausgang dieser Sache. Sechs Wochen später erhielten wir einen Einschreibebrief vom Bezirksgericht. Es wurde uns angezeigt, dass die Familie Pessaloc ein Gesuch um Fristerstreckung eingereicht hatte. Beide Parteien wurden aufgefordert, am 6. Juni zu einer Anhörung im Gerichtsgebäude zu erscheinen. Das Herz stockte mir. Hatte uns die Hauswartin nicht gesagt, dass die Pessalocs eine neue Wohnung hätten? Und die Frist für ein Fristerstreckungsgesuch – sie dauerte doch 30 Tage ab Kündigungsdatum. Also wäre sie am 3. April abgelaufen. Und nun war

Mitte Mai! Ich rief beim Gericht an und erhielt die Auskunft, dass das Gesuch der Familie Pessaloc fristgerecht eingereicht worden sei. Durch unglückliche Umstände sei es leider beim Gericht liegengeblieben. Man bedaure das Missgeschick – aber das Gesuch sei trotzdem rechtsgültig. Man stelle sich vor: Am 6. Juni sollte sich entscheiden, ob die bisherigen Mieter ihre Wohnung behalten durften, oder ob sie am 30. Juni ausziehen müssen! Und die neue Mieterschaft? Die hatte von uns doch bereits einen rechtskräftigen Mietvertrag für die Wohnung. Ihrerseits mussten die auch auf den 30. Juni aus ihrer Wohnung ausziehen. Kaum auszudenken, was geschehen würde, sollten die Pessalocs die Fristerstreckung, damals in der Regel für drei Monate, zugesprochen bekommen. Ich bekam von der Hauseigentümerin die Anweisung, unter allen Umständen die Familie Pessaloc dazu zu bewegen, dass sie ihre Wohnung freiwillig auf den 30. Juni verlassen würde. Ich sollte ihr dazu ein Angebot machen, dass wir die Miete am neuen Ort für drei Monate bezahlen und sämtliche Umzugs- und Wohnungsreinigungskosten übernehmen würden. Dies alles unter der Bedingung, dass sie ihr Fristerstreckungsgesuch zurückziehen. Ich rief Frau Pessaloc an und brachte ihr unsere Offerte vor. »Das ist wirklich großzügig von Ihnen. Aber wir haben schon überall nach einer Wohnung gesucht und nichts gefunden. Wenn Sie uns eine Wohnung in dieser Umgebung besorgen, nehmen wir Ihr Angebot an.« Unverzüglich machte ich mich auf Wohnungssuche, mit dem Tagblatt in der Hand. Ich wollte das persönlich und nicht telefonisch tun. Ich konnte dann auch die Umstände besser erklären. Ich wusste wohl, dass ich dabei nicht lügen durfte, hoffte aber, man würde mich nicht zu viel fragen. Es fing schon beim ersten Besuch an: »Sie haben gesagt, Sie müssten die Wohnung für einen Mieter haben, dessen Wohnung Sie zu früh weitervermietet haben. Wie kommt es denn, dass ein Mieter eine Wohnung kündigt, ohne dass er schon etwas Anderes hat? Und zudem, wenn ein Mieter die Wohnung selber kündigt, hat er doch gar kein Fristerstreckungsrecht? Bitte erzählen Sie mir das mal ganz genau!« Nun war ich gefordert, die Wahrheit zu sagen. Wenn ich nicht Christ gewesen wäre, hätte ich nun die ergreifendste »Tränendrüsenstory« von mir gegeben. Aber – ich durfte nicht lügen! Also erzählte ich die Wahrheit. »Ja, dann tut es mir leid. Einen solchen Mieter wollen wir natürlich auch nicht in unserem Haus. Bedauere, aber in diesem Fall kann ich Ihnen die Wohnung nicht geben.« Den ganzen Tag war ich auf Wohnungsbesichtigung, und jedes Mal dasselbe: Man wollte die Wahrheit wissen – und selbstverständlich so einen Querulanten als Mieter auch nicht im Haus haben. Ich war dem Verzweifeln nahe. Ich ging zwischendurch in einen Tea-Room, trank einen Kaffee und weinte leise bitterlich in mich hinein. »Herr, hatte ich dich so sehr falsch verstanden, als ich am 31. März die Vermietung als deine wunderbare Führung zu erkennen glaubte und dir den ganzen Tag in Dankbarkeit zujubelte? Was war denn das für eine Stimme, die in mir einen solchen Jubel ausgelöst hatte? Und nun dieser tragische Ausgang. Nun habe ich gleich zwei Familien in Not gebracht. Ich, dein Kind! Bitte, Herr Jesus, hilf mir! Hilf auch den beiden Mietern. Nachdem ich meinen vom Weinen geröteten Augen etwas Erholungszeit gegeben hatte, verließ ich das Café und ging wieder auf Wohnungssuche. Drei Tage hatte ich nun schon nach einer Wohnung gesucht – ohne Erfolg. Nachts lag ich die meiste Zeit wach, wechselweise von Angst und Panik geplagt und dann wieder von Hoffnung und Zuversicht erfüllt, ich würde anderntags bestimmt etwas für die Familie Pessaloc finden. Natürlich hatte ich auch die neue Mieterin Delscher über das Fristerstreckungsgesuch informiert. Sie war auch schockiert und verunsichert, aber doch sehr kooperativ. Sie sagte, sie wäre, falls das Fristerstreckungsgesuch angenommen würde, bereit, solange in der bisherigen Wohnung zu bleiben, bis sie in die neue einziehen könnte. Aber dazu müsse natürlich wiederum ihr Nachmieter einverstanden sein. Weil ihre Wohnung auch schon vermietet war, war das Ganze nun ein Rückwärts-Domino. So machte ich einen Telefonanruf nach dem anderen. Zu meiner Verwunderung wären alle bereit gewesen, drei Monate länger in der Wohnung zu bleiben, wenn ihr Nachfolgemieter länger in seiner Wohnung bleibt. Am Ende des Dominos war ein Brautpaar, das Ende Juni heiraten und dann als Ehepaar in die neue Wohnung einziehen wollte. Die Braut erklärte mir bei meinem Anruf, als ich ihr meine ganze Not schilderte, dass sie bereit wäre, noch weitere drei Monate bei ihren Eltern zu wohnen. Aber sie könne natürlich nicht allein entscheiden. Ihr Bräutigam müsse auch einverstanden sein. Ein Hoffnungsschimmer! Nun würde bestimmt alles gut werden. Aber am anderen Tag teilte die Braut mit, sie bedaure sehr, aber ihr Bräutigam sei unter keinen Umständen bereit, die Pläne zu ändern. Er bestehe darauf, nach der Hochzeit in die neue Wohnung einzuziehen. Schließlich seien ja die Möbel bestellt, die Vorhänge und alles. Die Frau versuchte mir Trost zuzusprechen, aber ich konnte mich innerlich kaum trösten lassen. Jeden Abend war ich vor Gott im Gebet, meistens weinend, verzweifelt, selbstanklagend. Der Gedanke hatte sich tief in mir eingenistet, das sei nun eine Strafe Gottes, weil ich nicht barmherzig genug gewesen war mit der Familie Pessaloc. Ich hätte doch keine so drastische Maßnahme wie die Kündigung ergreifen dürfen. Ich hätte Liebe walten lassen müssen, Nachsicht und Langmut. Und nun ließ mich Gott am eigenen Leib erfahren, was das für Konsequenzen hat, wenn man unbarmherzig ist. Ich flehte trotzdem zu Gott in Fürbitte für diese Familie, wünschend, dass sie eine Wohnung, nein, besser ein Einfamilienhaus finden würden. Denn die waren nach den gemachten Erfahrungen gar nicht gemeinschaftsfähig, konnten sich in einem Mehrfamilienhaus nicht in die Gemeinschaft einfügen. Also bat ich Gott, dass es doch das Beste wäre, wenn die Familie Pessaloc ein Einfamilienhaus bekäme. Am Tag vor dem Gerichtstermin kam ein Telefonanruf von einem Herrn Carlezzo. Sofort kam mir die Schamröte ins Gesicht, als er seinen Namen nannte. Er war nämlich ein ehemaliger Mieter in unserer selben Liegenschaft. Mit ihm war es beinahe dasselbe gewesen wie mit der Familie Pessaloc. Auch ihnen hatte ich nach vielen vorangegangenen Ermahnungen kündigen müssen. Es waren Mieter mit unbändigem Temperament. Da ging's Tag und Nacht zu wie in einem Taubenschlag. Für die übrigen Mieter nicht mehr zumutbar. Nur, die hatten sofort etwas Anderes gefunden, im selben Quartier. Nun rief mich also dieser einstige Mieter an und sagte: »Frau Frei, darf ich mit einem Anliegen an Sie gelangen? Wir hatten letzthin eine Zusammenkunft des Quartiervereins. Ich bin dort auch dabei. Da wurde an den Vereinspräsidenten der Antrag gestellt, er müsse etwas unternehmen, damit die Familie Pessaloc aus dem Quartier ausgewiesen werde. Es sei nicht mehr länger tragbar, dass deren Kinder weiterhin als Quartierschrecken andere Kinder plagten. Es vergehe kaum ein Tag, an dem nicht irgendein Kind von den beiden Pessaloc-Kindern bedroht oder geschlagen werde. Der Junge habe immer ein Stellmesser bei sich, das er bei jeder Gelegenheit einem Kind an die Gurgel setze und es bedrohe mit Aussprüchen wie: ›Ich schneide dir die Kehle durch!‹ Oder: ›Ich schlitze dir den Bauch auf!‹ Und das mit übelsten Fluchworten. Schon manches Kind habe so ein Trauma bekommen. Der Vereinspräsident habe dann gefragt, ob jemand wisse, wer der Verwalter des Blockes sei, in dem die Familie Pessaloc wohne. Da habe er sich gemeldet und gesagt: ›Ich kenne die Verwalterin, Frau Frei. Das ist eine gerechte Frau. Wenn ihr wollt, werde ich mich mit ihr in Verbindung setzen und unser Anliegen vorbringen.‹ Da waren alle einverstanden. Deshalb rufe ich Sie nun an und bitte Sie im Namen des Quartiervereins, dieser Familie Pessaloc zu kündigen und sie aus dem Quartier zu entfernen.« Das war ja nun doch eine Überraschung! Hatte ich mich nicht die ganze Zeit mit Schuldgefühlen geplagt, weil ich dieser Familie gekündigt hatte? Und nun musste mein »Feind« kommen und mich »eine gerechte Frau« nennen und im Namen eines ganzen Quartiers bitten, dieser Familie zu kündigen. »Herr Carlezzo«, sagte ich, »wenn Sie wüssten, dass wir dieser Familie bereits gekündigt haben und morgen vors Bezirksgericht müssen, weil sie Fristerstreckung beantragt haben.« Dann erzählte ich ihm, in welcher Not und Verzweiflung ich deswegen war und berichtete ihm von der doppelt vermieteten Wohnung. »Wissen Sie was, Frau Frei?«, antwortete Herr Carlezzo. »Ich werde den Quartiersvereinspräsidenten und noch einige Eltern der geplagten Kinder aufbieten und wir werden als Zeugen an die Gerichtsverhandlung kommen. Wenn Sie wollen, werde ich auch eine Unterschriftensammlung machen und sie Ihnen morgen ins Gerichtsgebäude bringen.« Nun, bei einer Anhörung vor Gericht dürfen keine Drittpersonen dabei sein. Also konnte keine Quartiersdelegation zur Verhandlung mitkommen. Es ging bei dem Entscheid einer Fristerstreckung auch nicht um die Schuldfrage, die zur Kündigung geführt hatte. Sondern es ging lediglich darum, ob der Mieter innerhalb der ihm gegebenen Frist bei zumutbaren Anstrengungen und unter Berücksichtigung des Wohnungsangebotes etwas »Passendes« hätte finden können. Und inwieweit ihm eine Notlage erwachsen war. Natürlich war dieser Mieter in Not. Am 6. Juni noch ohne Nachfolgewohnung für eine Familie mit zwei kleinen Kindern! Sollte da eines Richters Herz nicht erweichen? Aber wir als Vermieter waren ebenfalls in großer Not. Hätte das Gericht das Erstreckungsgesuch nicht grobfahrlässig weit über die Zeit hinaus liegenlassen, dann hätte noch manches rechtzeitig rückgängig gemacht werden können. So fand also die Anhörung vor Gericht statt. Zum Schluss sprach der Richter: »Ich habe nun beide Parteien angehört und muss sagen, die Argumente beider Seiten halten sich die Waage. Ich kann jetzt nicht entscheiden. Ich will das Ganze noch überdenken. Ich werde Ihnen den Entscheid schriftlich zukommen lassen.« Nun standen wir also da, am 6. Juni, und noch immer wusste der alte Mieter nicht, ob er in drei Wochen aus der Wohnung raus muss, und die neue Mieterin, ob sie in drei Wochen in die rechtmäßig gemietete Wohnung einziehen kann. In den folgenden Nächten litt ich Höllenqualen, immer wieder abgelöst durch Gottes Zuspruch zu Hoffnung und Zuversicht. Am 11. Juni kam der Brief vom Bezirksgericht. Meine Hände zitterten, während ich ihn öffnete. Ich überflog die Worte, suchte nur nach dem alles entscheidenden Satz: »Die Fristerstreckung wird … abgelehnt oder … gewährt.« Zehn Seiten lang war das Gerichtsprotokoll. Bis zur vorletzten Seite war nicht herauszulesen, wie der Richter entschieden hatte. Dann, auf der letzten Seite stand: »Die Fristerstreckung wird abgelehnt.« Die Tränen schossen mir grad in die Augen. Ich schluchzte hemmungslos. Der ganze Frust der vergangenen Wochen musste auf diese Weise ausgespült werden. Sofort meldete ich mich im Büro ab. Ich musste raus, ins Freie. Ich war wieder frei von der Geißel der Angst und Schuld. Ich ging ins nächstgelegene Café, bestellte ein prächtiges Stück Torte und einen Kaffee. Immer wieder liefen Freudentränen über meine Wangen und in die Kaffeetasse, wenn ich sie an den Mund führte. »Gott, ich danke dir! Du hast mich errettet aus größter Not. Deine Hilfe kommt nie zu spät! Ich preise dich!« Als ich mein Freudenmahl beendet hatte, ging ich wieder ins Büro zurück. Ich musste die Familie Pessaloc anrufen und die Details mit dem Wohnungsauszug besprechen. Und natürlich auch der neuen Mieterin Delscher den wunderbaren Bescheid geben. Dieses Telefonat erledigte ich zuerst. Die Freude war auch bei ihr groß. Dann rief ich Frau Pessaloc an und sagte: »Sie haben das Gerichtsprotokoll wohl auch bekommen. Es tut mir sehr leid für Sie, auch wenn ich mich für meine Seite natürlich über den Entscheid freue. Sie werden das sicher verstehen. Doch nun müssen wir den Auszugstermin und die Wohnungsrückgabe festlegen. Bitte sagen Sie mir, wann ich die Wohnungsabnahme vornehmen kann.« »Ja, es tut uns auch leid«, sagte Frau Pessaloc. »Aber so schlimm ist es nun auch wieder nicht. Wir haben vor einiger Zeit ein Einfamilienhaus zur Miete gefunden und werden jetzt dort einziehen.« Mir blieb die Sprache weg! Da hatten diese Mieter ein neues Domizil und zogen trotzdem die Sache mit der Fristerstreckung durch! Wohl mit dem Gedanken: Verlieren können wir ja nichts, höchstens gewinnen! Na ja. Hauptsache, das Drama hatte ein Happy End! Gott hatte mir wieder einmal geholfen aus der Not!

Das verlorene Kapitel

Die himmlische Registratur

Unserer Firma war 1987 der Auftrag zur Niederschrift eines Buches zu einem Luther-Jubiläumsjahr erteilt worden. Zu jener Zeit waren die Schreibcomputer eben erst im Kommen. Wir hatten noch keinen, sondern immer noch unsere guten alten Schreibmaschinen. Aber es war klar, dass wir das Abschreiben der gelieferten Manuskripte und der auf Diktierband gesprochenen Texte über einen solchen Schreibcomputer machen mussten. Es wurde uns empfohlen, nicht schon einen Computer zu kaufen, sondern erst einmal einen zu mieten. Eine Firma, die auf diesem Gebiet neu ins Geschäft eingestiegen war, beriet uns, welcher Apparat für diesen Zweck der Geeignetste sei. Wir waren ja völlig unwissend, verstanden überhaupt nichts von dieser Technik. So wurde uns also ein Textverarbeitungscomputer ins Büro gestellt, und meine Lehrtochter und ich wurden vom Lieferanten, Herrn Habek, in einer einstündigen »Schnellbleiche« in die Bedienung des Apparates eingeführt. Kaum war Herr Habek aus dem Haus, kamen wir schon nicht mehr zurecht. Kein Funktionsknopf wollte so funktionieren, wie er es nach den erhaltenen Instruktionen hätte tun sollen. Es lag natürlich nicht daran, dass uns Herr Habek falsch instruiert hätte. Nein, sondern der Computer war uns eben noch »ein Buch mit sieben Siegeln«. Immer wieder mussten wir mit Herrn Habek telefonieren und ihn um Hilfe bei irgendwelchen Problemen oder Blockaden bitten. Es war für uns eine sehr müh-

same und anstrengende Sache, mit dem Computer einigerma-
ßen zurechtzukommen. Eines unserer größten Probleme wiederholte sich anfänglich oft: Wir vergaßen, den Text zu sichern,
bevor wir eine abgeschlossene Textseite ausklickten. Der damalige Apparat hatte noch nicht die heute automatische Absiche-
rung im Programm mit der auf dem Bildschirm erscheinenden
Frage: »Text sichern? Ja – Nein.« Wenn man nicht die Befehlstaste
»Sichern« anklickte und so aus dem Programm ausstieg, war der
Text kurzerhand verloren und musste erneut geschrieben werden.
Manchmal kam es auch vor, dass wir felsenfest davon überzeugt
waren, einen Text vor dem Ausblenden gewiss gesichert zu haben.
Er war nachher aber trotzdem nicht mehr zu finden. Und wir
mussten ihn dann nochmals schreiben. Die Lehrtochter und ich
arbeiteten abwechslungsweise am Computer und beiden passier-
ten meistens die gleichen Missgeschicke. So beschlossen wir, dass
diejenige, die gerade am Schreiben war, nie eine Seite ausblenden durfte, bevor nicht die andere als Zeuge des Tastendruckes
»Sichern« hergekommen war. Das Ganze war zweifellos äußerst
dilettantisch. Aber es ist ja noch kein Meister vom Himmel gefallen. Mit der Zeit ging es immer besser, sodass wir bald einmal
auf die »Sicherungskontrolle« des anderen verzichteten. Die Lehrtochter hatte Ferien, und so schrieb ich am Buch. Das Kapitel
Reformation war an der Reihe. Das war ein überaus anstrengen-
der Text. Der größte Teil musste von einer Vorlage abgeschrieben
werden, der in der alten deutschen Schreibart geschrieben war.
Zum Beispiel: »Euwre hochgeschäzte …, viehlerthalben … « usw.
Da fiel man immer wieder in die bekannte und gelernte Schreib-
weise hinein und musste andauernd wieder »Fehler« in die Wör-
ter hineintippen. Der Prüfungsvergleich mit unserem getippten
Text und der vorliegenden Vorlage nahm ebenfalls enorm viel
Zeit in Anspruch, weil man eben jeden Buchstaben mit der Text-

vorlage vergleichen musste. So wurden bisher für dieses eine Kapitel schon viele Arbeitsstunden aufgewendet. Heute wollte ich wieder am Kapitel *Reformation* weitertippen. Ich stellte den Computer an, betätigte die üblichen Tastenkombinationen und der letztgeschriebene Text hätte nun auf dem Bildschirm erscheinen sollen. Aber kein Text war da – ja, das ganze Kapitel war nirgends zu finden. Ich telefonierte mit Herrn Habek, der mir telefonisch Anweisungen gab, welche Tasten ich in welcher Reihenfolge oder Kombination drücken musste. Ich tat alles so, wie er es mir sagte. Aber kein Text kam zum Vorschein. Er gab weitere Instruktionen, doch kein Text erschien. »Ich werde vorbeikommen und schauen, was los ist«, erbot sich Herr Habek hilfsbereit. Einige Zeit später war er da, setzte sich an den Computer und sagte munter: »Das werden wir gleich haben!« Herr Habek manipulierte mit einer Geschicklichkeit an den Tasten herum, als ob er sämtliche Innereien des Apparates wie seinen Hosensack kenne. Ich schaute ihm fasziniert zu, erwartend, dass jeden Augenblick der Text zum Vorschein kommt. Die Zeit verstrich. Herr Habek klimperte immer noch auf den Tasten herum. Zwischendurch gab er ein Zungenräuspern von sich. »Tsts, tsts, tsts.« Nach langer Zeit kam dann sein Urteil. Bleischwer fiel es auf mich nieder. »Der Text ist nicht zu finden. Sie haben ihn wahrscheinlich nicht gesichert. Oder dann haben Sie ihn gelöscht.« »Das ist unmöglich!«, antwortete ich. »Ich weiß gewiss, dass ich den Text gesichert habe. Und auf keinen Fall habe ich ihn gelöscht. Der muss noch irgendwo im Apparat sein. Da bin ich mir absolut sicher.« Von meiner überzeugenden Aussage angesteckt, wendete er sich wieder zum Apparat hin und fing erneut an, daran herum zu manipulieren. Er schien nun selbst einen Wettkampf mit dem Computer aufnehmen zu wollen, als ob seine Berufsehre auf dem Spiel stünde. »Wollen doch sehen, wo du den Text versteckt hältst!« Inzwischen hatte ich mich wieder meiner Arbeit zugewendet. Ich hörte aber gleichsam so nebenbei Herrn Habek leicht stöhnende Laute von sich geben. Etwa eine weitere halbe Stunde mochte vergangen sein, als sich Herr Habek zu mir herüber drehte und mit fester Entschlossenheit sagte: »Es ist nichts zu machen. Der Text ist verschwunden. Es ist endgültig aus!« Nun wurde mir erst recht bewusst, was das für Konsequenzen hätte, wenn das Kapitel nicht mehr zu finden wäre. Das hieße, dass die ganze Arbeit nochmals geschrieben werden müsste – diese vielen Stunden Arbeit! Und ausgerechnet dieser schwierige Text. Das war ja furchtbar. Nicht nur, dass wir diesen zusätzlichen Stundenaufwand buchhalterisch in Rechnung stellen mussten, sondern dass wir wegen dieses Buchschreibens sonst schon massiv in Arbeitsrückstand der anderen üblichen Geschäftstätigkeiten geraten waren. Plötzlich packte mich eine Angst. Wenn Herr Habek das Büro verließ, wäre endgültig nichts mehr zu machen, dann wäre der Entscheid definitiv gefallen. In diesem Augenblick kam mir eine Begebenheit in den Sinn, die mir meine Cousine Trudi just an diesem Morgen während unserer Frühgebetsstunde erzählt hatte. Seit einiger Zeit sei ihre Zentralheizung plötzlichen Störungen unterworfen und heize einfach nicht mehr. Man merkte es immer erst, wenn die Zimmer schon ziemlich abgekühlt waren. Der jeweils herbeigerufene Heizungsmonteur konnte die Störung dann beheben. Aber am andern Tag, oder gar Stunden später, funktionierte die Heizung wieder nicht mehr. Eine mühselige und nervenaufreibende Sache! So habe sie letzthin in ihrer Gebetszeit, als sie gerade wieder einer Abkühlung des Raumes gewahr wurde, gebetet: »Ach, Herr Jesus, du siehst, jetzt ist die Heizung schon wieder ausgefallen und der Monteur findet die Ursache dieser Störungen einfach nicht heraus. Bitte gib ihm doch eine Inspiration, wo der Störfaktor liegt.« Trudi hatte ihre Gebetszeit noch nicht beendet, als es an der Tür klingelte. Wer war da? Hans Liechti, der Heizungsmonteur! »Du, Trudi«, sagte er, »ich glaube, ich weiß jetzt, wo die Ursache deiner Heizungsstörungen liegt. Darf ich schnell nachsehen?« Und ob er durfte! Kurze Zeit später rapportierte er freudestrahlend und triumphierend: »Ich hatte recht, genau wie ich vermutet hatte! Das Relais war verklemmt. Dass ich nicht schon früher darauf gekommen bin!?« Die Heizung funktionierte von da an wieder normal. Diese Gebetserhörung meiner Cousine kam mir also in diesem Augenblick in den Sinn. Das motivierte mich, noch nicht aufzugeben. So betete ich rasch: »Herr Jesus, bitte hilf uns, dass wir die ganze Arbeit nicht nochmals tun müssen. Du warst Zeuge, dass ich den Text immer gesichert und ihn gewiss nicht gelöscht habe. Bitte, gib Herrn Habek doch auch eine Idee, wie er den Text finden kann, so wie du es dem Heizungsmonteur eingegeben hast!« Da kam stattdessen mir eine Idee, und ich sagte zu Herrn Habek: »Haben Sie schon nachgeschaut unter der Funktionstaste ›Anzahl Worte‹, wie viel Worte bis jetzt schon kumuliert sind? Da könnten wir sehen, ob das Kapitel *Reformation* hinzuaddiert ist oder nicht. Wenn ja, wüssten wir, dass es nicht gelöscht ist.« »Nein, das habe ich tatsächlich noch nicht gemacht«, antwortete Herr Habek, der bereits aufgestanden war. Er setzte sich wieder vor den Apparat. Das Ganze schien ihn irgendwie selbst nicht loszulassen, und er hätte mir wohl gerne geholfen. Er betätigte die entsprechende Taste »Anzahl Worte«. »Oha«, rief er überrascht, »da hat tatsächlich eine Aufrechnung seit dem letzten Kapitel stattgefunden. Also muss der Text noch irgendwo sein.« Schon schöpften wir beide wieder Hoffnung. Gewiss ließ sich der Text nun finden. Und wieder hantierte Herr Habek eine weitere halbe Stunde am Computer herum. Dann drehte er sich mit dem drehbaren Bürostuhl zu mir herüber und sprach in überzeugtem, ja geradezu ärgerlichem Ton – es war eher eine Kapitulation: »Aus! Fertig! Nichts zu machen! Der Text ist weg! Und wenn Sie überzeugt sind, dass Sie ihn gesichert und nicht gelöscht haben, so kann ich nur sagen: Dann hat ihn halt der Apparat verloren. Diese Technik ist eben auch noch nicht so ausgereift, da können schon auch noch Fehler vorkommen. Es tut mir leid. Nun müssen Sie das Ganze halt nochmals schreiben!« Herr Habek drehte sich wieder dem Apparat zu und gab ihm einen leichten Klaps, als ob er ihn schelten wollte. Nun war es also endgültig aus! Wirklich? »Aber Herr Jesus«, schrie ich in meinem Innersten. Es war ein Express-schrei: »Dein Wort sagt, dass am Jüngsten Tag gerichtet werden alle Gedanken, Worte und Werke. Siehe, Herr, bevor der Autor dieses Buchmaterial zusammentrug, hatte er sich die Gestaltung und den Aufbau in seinen Gedanken zurechtgelegt. Also sind diese Gedanken bei dir bis zum Jüngsten Tag aufbewahrt. Dann hat er das Ganze auf Diktierband gesprochen. Also sind diese gesprochen Worte bei dir bis zum Jüngsten Tag aufbewahrt. Dann habe ich den ganzen Text abgetippt. Das ist ein Werk. Also ist dieses Werk bei dir aufbewahrt bis zum Jüngsten Tag. Du hast also eine himmlische Registratur für alle Gedanken, Worte und Werke, die bis zum Jüngsten Tag aufbewahrt wird. Auch dieses Kapitel *Reformation*. Doch nun siehe, Herr, der Jüngste Tag ist mir viel zu spät! Ich muss das Kapitel jetzt haben! Leihe es mir doch bitte aus deiner himmlischen Registratur. Was habe ich davon, wenn du es mir am Jüngsten Tag zeigst und ich dann zu dir sagen müsste: ›Ach siehe da, hier ist das Kapitel *Reformation*, das ich damals so dringend gebraucht hätte!‹ Darum, bitte, Herr, leihe es mir jetzt!« Ich hatte die letzten Worte dieses Gebetes noch kaum in meinem Herzen beendet, als Herr Habek rief: »Wie sagten Sie, heißt das Kapitel? Reformation? Ich hab's!« Ich schrak zusammen und sah zum Apparat hin. Der Text war tatsächlich auf dem Bildschirm! »Juhui!«, entfuhr es Herrn Habek in kindlicher Freude. »Danke,

Herr Jesus!«, entfuhr es mir in kindlicher Freude. Und so fingen wir beide an zu lachen wie kleine Kinder. Die Freude war riesengroß. Dann geschah etwas Seltsames. Herr Habek wollte den Text nun absichern, aber er konnte keine Manipulation ausführen. Er konnte den Text mit keiner Taste greifen! Es schien, als ob der Text nur gezeigt wurde, nicht aber anklickbar war. Herr Habek schien am Ende seines Fachwissens zu sein. »Ich komme nicht an den Text ran«, sprach er irritiert. Plötzlich kam ihm der Gedanke, den Text zu kopieren und unter neuem Kennwort abzusichern. Und das funktionierte! So hatte ich den ganzen Text des Kapitels *Reformation* wieder verfügbar und konnte daran wieder wie gewohnt weiterarbeiten. Wieder hatte mich Gott nicht vergeblich um Hilfe schreien lassen!

Der Handelsregistereintrag

Herr, dein Name währet ewiglich. Psalm 135,13

»Bitte schicken Sie dieses Formular an das Eidgenössische Handelsregisteramt in Bern. Ich habe es schon ausgefüllt. Es ist das Bewilligungsgesuch für die Neugründung der Firma Apfelteufel. Sie wissen, Herr Müller, der dieses Unternehmen gründen möchte«, sprach der Direktor und überreichte mir das Formular. Ein Schauer durchlief mich. Was war das für ein scheußlicher Name? Apfelteufel! Sowas Blödes! dachte ich. Nun soll also eine Firma dieses Namens gegründet und bei uns treuhänderisch betreut werden. Das würde also heißen, dass ich für diesen Namen ein Aktendossier anlegen und es in unserem Aktenschrank deponieren müsste. Dann müsste ich immer diesen Namen »Teufel« lesen. Es kam mir vor, als würde er mich schon bei diesem Gedanken dreckig angrinsen: »Ha, jetzt hast du mich mitten in deinem Büro!« Ein gewaltiger innerer Kampf kam in mir auf. Das Bewilligungsgesuch beim Schweizerischen Handelsregisteramt ist u. a. aus zwei Gründen nötig: Erstens ist jeder Firmenname geschützt. Deshalb muss das Amt abklären, ob nicht etwa schon eine andere Firma den gewünschten Firmennamen trägt. Zweitens, wenn ein Firmenname gegen Anstand und Sitte verstößt, also Anstoß erregen könnte, kann er verweigert werden. Das Kriterium, was bei der Namensgebung als Verstoß gegen Anstand und Sitte gilt, ist die allgemeine Volksmeinung. Wenn also niemand Einsprache erhebt, wird der Name als nicht anstößig gewertet. Nun, dieser Name *Apfelteufel* erregte bei mir höchsten Anstoß! War ich nicht eine Bürgerin dieses Landes, die auch eine Meinung haben und kundtun durfte? »Was ich empfinde ist doch auch Volksmeinung«, sagte ich mir. So beschloss ich, mit der Zustellung des Gesuchsformulares gleichzeitig eine Einsprache gegen diesen Namen mitzusenden. Ich wollte das nicht als Mitarbeiterin der Firma tun, sondern als Privatperson, in meinem persönlichen Namen. Aber wäre das nicht dem Direktor in den Rücken geschossen?, ging es mir durch den Kopf. Das wäre doch nicht Loyalität, wenn ich seine treuhänderische Aufgabe an diesem Kunden torpedierte. Das wäre schlimmster Vertrauensmissbrauch. Das durfte ich nicht tun! Also legte ich das Formular beiseite. Ich wollte es noch nicht gleich absenden und nahm mir vor, erst noch darüber zu beten. Es könnte ja sein, dass die Gedanken, keinen Einspruch gegen diesen Firmennamen zu erheben, eben gerade vom Teufel kamen, weil er seinen Namen unbedingt in mein Büro hineinbringen wollte. Es könnte also eine Anfechtung sein. Und da wollte ich zuerst Klarheit darüber haben. Ich hatte sie die ganze Woche nicht. So lange behielt ich das Gesuch zurück. Am Freitag musste unter allen Umständen ein Entscheid gefällt werden, das war mir klar. Ich konnte den Brief nicht länger zurückhalten. Als ich am Freitagmorgen zum Frühgebet mit meiner Cousine Trudi zusammenkam, legte ich diese Frage auch als Gebetsanliegen in unsere Mitte. Ich breitete im Gebet Gott meine Frage nochmals aus: »Soll ich zusammen mit dem Gesuch meine persönliche Einsprache mitsenden? Oder muss ich es aus Gründen der Loyalität zu meinem Direktor unterlassen? Aber wenn dieser Name *Apfelteufel* in meinem Büro einen offiziellen Platz einnehmen wird, sehe ich ihn immerzu hämisch als Sieger nach mir grinsen. Das wird mich dauernd ärgern. Herr Jesus, ich weiß jetzt wirklich nicht, was das Rechte ist. Bitte gib mir Weisheit und leite mich auf rechter Straße, um deines Namens Willen.« Augenblicklich kam mir eine Geschichte aus der Bibel in den Sinn. Es ging um die von den Philistern triumphierend gestohlene Bundeslade der Israeliten. *»Dann nahmen die Philister die Lade Gottes, brachten sie in das Haus Dagons und stellten sie neben Dagon. Als aber die Leute von Asdod am anderen Morgen in der Frühe in das Haus Dagons kamen, sahen sie den Dagon vor der Lade des Herrn mit dem Gesicht auf der Erde liegen. Da richteten sie den Dagon auf und stellten ihn wieder an seinen Ort. Am anderen Morgen aber in der Frühe lag Dagon abermals vor der Lade des Herrn mit dem Gesicht auf der Erde; der Kopf Dagons und seine beiden Hände lagen abgeschlagen auf der Schwelle, nur der Rumpf war von ihm übriggeblieben.« (1. Samuel 5,2-4)* Als mir diese biblische Begebenheit durch den Kopf ging, überkam mich eine große Ruhe und ich spürte Jesu Reden in mir: »Fürchte dich nicht, diesen Firmennamen in dein Büro aufzunehmen. Wenn du dein Büro meinem heiligen Namen geweiht hast, wird es sein wie beim Götzentempel Dagons. Dann wird nicht mein Name vor dem Namen des Götzen zerschmettert, sondern umgekehrt. Also fürchte dich nicht vor seinem Namen!« Eine große Erleichterung kam über mich. Ich konnte also das Gesuch abschicken und brauchte keine Einsprache mitzuliefern. Entspannt gab ich den Brief zum Versand. Einige Zeit später kam vom Schweizerischen Handelsregisteramt die Bewilligung, den Firmennamen Apfelteufel zu führen. Als nach ein paar Monaten nichts weiter in dieser Firmenneugründung geschehen war, fragte ich eines Tages den Direktor: »Was geschieht eigentlich mit der Firma Apfelteufel? Seit die Bewilligung vorliegt, ist nichts mehr in dieser Sache gegangen.« »Ach, die Firma Apfelteufel?«, antwortete er ganz überrascht und schlug sich mit der flachen Hand an die Stirn. »Das habe ich Ihnen ja ganz vergessen zu sagen. Die hat ihr Vorhaben wieder aufgegeben. Herr Müller ist jetzt mit seinem Geld in ein anderes Unternehmen eingestiegen. Sie können das Aktendossier wieder vernichten.«

Das himmlische Amtsblatt

Er lässt verkündigen seine gewaltigen Taten. Psalm 111,6

»Der Zettel klebt immer noch an der Tür. Herr Schanz ist wieder nicht in der Wohnung gewesen. Sein Briefkasten ist immer noch überfüllt«, rapportierte mir die Hauswartin einer Liegenschaft. Das war nun schon die vierte Woche, dass Herr Schanz spurlos verschwunden war. Auch an seinem Arbeitsplatz war er seither nicht mehr erschienen. Niemand wusste seinen Aufenthaltsort. Unsere Einschreibebriefe kamen mit dem Hinweis der Post an uns zurück: »Nicht abgeholt«. Der Mietzins war schon drei Monate nicht bezahlt worden. Die Hauswartin wurde von uns angewiesen, täglich bei ihm zu klingeln, in der Hoffnung, er wäre irgendwann mal zuhause. Das Telefon wurde auch nie abgenommen. Was konnte man noch tun? Wir hatten Herrn Schanz per Einschreibebrief angezeigt, dass wir seine Wohnung kündigen würden, wenn die ausstehende Miete nicht innerhalb der gesetzten Frist bezahlt würde. Danach hatten wir die Kündigung ausgesprochen. Aber der Brief kam, wie die vorhergehenden, von der Post an uns zurück: Nicht abgeholt. In Absprache mit der Hauseigentümerin beschlossen wir, die Wohnung aufzubrechen. Zuvor hatte ich die Polizei darüber angefragt, ob das strafbar sei. »Ja, das ist Hausfriedensbruch. Der Mieter kann Sie dafür verklagen. Allerdings, wenn er etwas auf dem Kerbholz hat, wird er sich hüten, das zu tun«, gab mir der Polizist zur Antwort. »Aber der Mann könnte doch tot in der Wohnung liegen. Man hat schon oft von solchen

Fällen gehört, wo Nachbarn über Wochen tot in der Wohnung lagen und niemand hat's gemerkt«, wendete ich ein. »Gewiss, deshalb tragen Sie auch das Risiko für Ihren Entscheid. Auf jeden Fall dürfen wir Ihnen offiziell kein polizeiliches Einverständnis dazu geben«, antwortete er. So entschieden wir uns, die Wohnung aufzubrechen und die Konsequenzen auf uns zu nehmen. Zu fünft unternahmen wir die Aktion. Die Hausbesitzerin, der Direktor, der Betreibungsbeamte, der Schlosser und ich als Verwalterin. Der Schlosser brach das Schloss auf, sorgsam darauf bedacht, möglichst wenig Schaden an der Tür anzurichten. Vorsichtig öffnete er die Tür. Fünf Köpfe streckten sich gleichzeitig durch den Türspalt. Es war eine komische Situation. Wie im Film von Dick und Doof, wenn der Dick in gefahrvollen Situationen den Doof vorschob. – Nach Ihnen, bitte! Auf Zehenspitzen traten wir in die Wohnung ein. Was würden wir antreffen? Würde eine Leiche am Boden liegen? Ein furchtbarer Gestank kam uns entgegen. Vom Entree aus gingen wir in den nächstgelegenen Raum, die Küche. Welch ein Chaos und entsetzlicher Gestank! Allerdings war es keine Leiche, sondern Speisereste im Spülbecken. Zentimeterhoch hatte sich Schimmelpilz auf Spaghetti und anderen Speiseresten gebildet. Unterdessen war der Schlosser in die anderen Räume gegangen und hatte auch dort keine Leiche gefunden. Gott sei Dank! Wir suchten alle nach Hinweisen, die auf einen schnellen, ja überstürzten Weggang des Mieters hätten schließen lassen. Aber wir fanden nichts. Der Betreibungsbeamte nahm ein Protokoll über die in der Wohnung vorhandenen Möbel und sonstigen Gegenstände auf. Es galt, unsererseits die Retention geltend zu machen. Das bedeutete, dass die Vermieterin die Möbel verkaufen und den Erlös dafür an den ausstehenden Mietzins anrechnen durfte. Vom Betreibungsbeamten wurde jeder Wohnungsgegenstand bewertet, natürlich weit unter seinem Neuwert, und namentlich in ein Protokoll aufgenommen. Nun musste das Ganze von Gesetzes wegen dem Mieter mitgeteilt werden. Aber wie, wenn man seine Adresse nicht kennt? Da er nicht auffindbar war, musste man drei Publikationen in bestimmten Abständen im Amtsblatt veröffentlichen und dem Mieter »unbekannten Aufenthaltes« öffentlich mitteilen, dass sein Mietvertrag auf das bestimmte Datum hin aufgelöst sei. Ebenso, dass seine Möbel in Retention in das Eigentum der Vermieterin übergehen würden. Das Retentionsprotokoll musste ebenfalls publiziert werden. Es wurde sozusagen »an alle Unbekannten« die Mitteilung erlassen, dass sie ihre Eigentumsansprüche an den ausgeschriebenen Gegenständen innert der gesetzten Frist dem Bezirksgericht anzumelden hätten. Es kam ja gelegentlich vor, dass Mieter beispielsweise einen Fernsehapparat gemietet hatten. Der gehörte dann natürlich dem Eigentümer und nicht dem Mieter. Aber man hatte ja keine Verträge oder Quittungen, um zu wissen, wem allenfalls was aus der Möblierung gehörte. Um solches herauszufinden war also das Amtsblatt da. Und tatsächlich meldete sich eine Firma bei uns und legte einen Mietvertrag für den Fernseher vor. Er wurde ihr sofort ausgehändigt. Diese Firma hatte das Amtsblatt gelesen und dadurch erfahren, dass ihr Eigentum, der Fernseher, innert der gesetzten Frist abgeholt werden musste, ansonsten hätte sie das Eigentumsrecht daran verloren. Sie handelte sofort und bekam ihr Eigentum problemlos zurück. Die amtlichen Fristen waren abgelaufen und weder der Mieter noch sonst jemand außer der Eigentümerin des Fernsehapparates hatten sich gemeldet. So durften wir jetzt die Verwertung vornehmen, das heißt, die Wohnung räumen, die Gegenstände verkaufen und die Wohnung weitervermieten. Drei Monate später rief ein Mann in unserem Büro an: »Ich habe soeben erfahren, dass Herr Schanz nicht mehr in seiner Wohnung wohnt und die Wohnung an jemand anders vermietet ist. Können Sie mir die

Adresse angeben, wo Herr Schanz jetzt wohnt?«, fragte er mich. »Die haben wir auch nicht. Er ist aus der Wohnung spurlos verschwunden. So haben wir sie öffentlich gekündigt, die Möbel retiniert und verkauft und die Wohnung geräumt und weitervermietet«, gab ich ihm zur Antwort. »Aber das geht doch nicht!«, rief er empört. »Der hat mir ja die Polstergruppe noch gar nicht bezahlt. Sie war ganz neu. Zehntausend Franken hatte sie gekostet mit dem Salontisch. Sie hätten diese nicht einfach verkaufen dürfen, die gehört immer noch mir. Ich mache Sie haftbar. Sie müssen mir die zehntausend Franken bezahlen.« »Tut mir leid«, entgegnete ich, »aber wir haben das Ganze korrekt nach den gesetzlichen Vorschriften im Amtsblatt drei Mal publiziert, an Unbekannt, jeder solle seine Ansprüche, wenn er welche habe, innert der gesetzten Frist geltend machen. Sie haben das nicht getan. Und so fiel der ganze Besitz auf uns über. Es tut mir wirklich leid für Sie, dass Sie die zehntausend Franken nun abschreiben müssen.« »Das akzeptiere ich nicht!«, schimpfte er. »Ich werde mit Ihnen vor Gericht gehen, das versichere ich Ihnen.« »Ich kann Sie nicht daran hindern. Aber es wird Ihnen nichts nützen«, entgegnete ich. »Wir haben alle gesetzlichen Vorschriften eingehalten. Sie hätten halt das Amtsblatt lesen müssen. Dort hätten Sie erfahren, dass Sie als Eigentümer Ihre Polstergruppe wieder zurückverlangen durften. Wir hätten sie Ihnen von Amtes wegen zurückgeben müssen. Aber Sie haben sich nicht gemeldet. Das ist schon Ihr eigener Fehler!« »Wer liest schon das Amtsblatt?!«, höhnte er vorwurfsvoll. Er hatte sich sein Eigentum verwirkt. Er hatte sich nicht informiert! »Wer liest schon das Amtsblatt?!« – Diese Frage hatte mich zu folgender Überlegung bewogen. Weshalb wurde das Amtsblatt eingeführt? Eine Gesetzesänderung oder ein neues Gesetz muss bekanntgegeben werden. Nun kann der Staat ja nicht jedem Bürger einen persönlichen Brief schreiben und ihn von der Gesetzesänderung oder

Einführung in Kenntnis setzen. Also verordnete er eine Informationsschrift, in der alle Gesetze, Vorschriften, Rechte und sonstigen amtlichen Publikationen an den Bürger niedergeschrieben werden. In der Schweiz heißt diese Informationsschrift »Amtsblatt«, ein Informationsblatt von Amtes wegen. Dieses Amtsblatt liegt in allen öffentlichen Lokalitäten und Gaststätten auf, damit es jeder Einwohner lesen kann. Es ist sogar so, dass jemand, der in eine Gaststätte geht, um dort ausschließlich das Amtsblatt zu lesen, vom Wirt nicht zu einer Konsumation gezwungen werden darf. Ist es nicht dasselbe mit dem »himmlischen Amtsblatt«, der Bibel? »Wer liest schon die Bibel?!«, könnte man vergleichsweise sagen. Sie liegt auch überall gratisaus, in Hotels und sogar in Gefängnissen! Hatte es Gott mit uns Menschen nicht genauso gemacht? Er hat uns seine Gesetzgebung via Bibel bekanntgegeben. In diesem »himmlischen Amtsblatt« sind alle himmlischen Informationen enthalten, auch die uns persönlich betreffenden. Da heißt es zum Beispiel, und das ist das Wichtigste unter vielem, dass wir von Gott mit dem größten Vermögen, dem ewigen Leben, bedacht worden sind und uns nun bei ihm melden müssen, um es entgegenzunehmen. *Wir* müssen uns melden! Wir müssen dabei unseren Rechtsanspruch beweisen, uns legitimieren. Aber nicht etwa im herkömmlichen Sinn. Unsere einzige Legitimation ist der Schuldspruch, der über uns Menschen hängt, und den wir vorweisen müssen: »Schuldig, um der Sünde Willen zu ewigem Tod und ewiger Trennung von Gott!« Dann bekommen wir, was wir nicht verdient haben, als Geschenk, das ewige Leben in Jesus Christus, Gottes Sohn, der für diese Schuld gebüßt und bezahlt hat mit seinem Tod am Kreuz! Aber wir müssen uns melden – bei Jesus Christus! Wie man das macht? Im himmlischen Amtsblatt, der Bibel, steht es ausführlich beschrieben. »*Heute, so ihr meine Stimme höret, verhärtet eure Herzen nicht.*« *(Psalm 95,7) Heute,* heißt es. Es könnte bereits die dritte Publikation sein und die Frist läuft ab! Dass kein entrüsteter Ruf ins Leere schallt: »Wer liest schon die Bibel?!«

Der neue Verwalter

Segnet, die euch fluchen. Matthäus 5,44

»Was fällt Ihnen ein, mit den Hochhaus-Leuten eine Sitzung zu halten ohne mein Wissen und Beisein!«, fuhr mich Herr Wenger am Telefon an. Ich war perplex. Wie konnte der plötzlich so aufgebracht sein? Und ich hatte gedacht, er würde sich freuen über meine gute Nachricht, dass sich die Hochhauseigentümerin bereit erklärt hatte, von den Reparaturkosten einen Anteil von achtzehntausend Franken zu übernehmen. Die Sache war nämlich die: Wir hatten zwei ineinander gebaute Gebäude, das Einkaufszentrum und das Hochhaus, an zwei verschiedene Käufer im Stockwerkeigentum verkauft. Dabei behielten wir das Verwaltungsmandat für den gesamten Gebäudekomplex, also beider Gebäudeteile. Es war meine Aufgabe, sämtliche gemeinsam anfallenden Kosten gemäß den in Dienstbarkeitsverträgen festgelegten prozentualen Verteilschlüsseln auf die beiden Stockwerkeigentümer, d. h. auf die Hochhauseigentümerin und auf die Zentrumseigentümerin, zu verteilen und ihnen in Rechnung zu stellen. Wenn an gemeinsamen Gebäudeteilen Reparaturen nötig waren, mussten beide Parteien ihr Einverständnis noch vor Inangriffnahme der Arbeiten erteilen. Wenn eine Partei dabei übergangen und nicht kontaktiert wurde, konnte sie nach Dienstbarkeitsvertrag ihre anteilsmäßige Kostenbeteiligung verweigern. Nun war vor zwei Jahren an einem Gebäudeteil eine Reparatur durchgeführt worden. Der Direktor, Herr Zschokke, war Architekt

51

und erteilte in dieser Eigenschaft die Aufträge und überwachte die Arbeiten. Er gab mir jeweils die nötigen Informationen für die Kostenverrechnung, inwieweit sie den einen oder den anderen Stockwerkeigentümer oder eben beide betrafen. Entsprechend musste dann die prozentuale Verrechnung vorgenommen werden. In diesem Falle nun sagte der Direktor, dass die Reparatur nur den Zentrumsteil betreffe und die ganze Rechnung von der Zentrumseigentümerin zu bezahlen sei. Inzwischen war unser Direktor, Herr Zschokke, gestorben. Die Zentrumseigentümerin nahm diesen Umstand zum Anlass, uns einen Teil der Verwaltung aufzukündigen. Sie hatte für ihre vielen Liegenschaften eine zentrale Verrechnungsstelle. Es war daher naheliegend, dass sie auch dieses Stockwerkeigentum über diese Zentralstelle buchhalterisch abwickeln wollte. Der zuständige neue Mann, respektive Verwalter, Herr Wenger, war ein junger, dynamischer und draufgängerischer Typ, der sich durchzusetzen verstand. Vor kurzem nun hatte er uns mit einer Hiobsbotschaft schockiert. Er sprach: »Ich habe mich etwas ins Metier dieses Stockwerkeigentums hineinarbeiten wollen und habe sämtliche Akten, die Buchhaltung und die Dienstbarkeitsverträge eingehend studiert. Dabei bin ich auf eine Sache gestoßen, die Sie zum Schaden der Zentrumseigentümerin, also zu unserem Schaden, abgewickelt haben. Und ich mache Sie nun für den ganzen Schaden haftbar.« Mir stieg die Röte ins Gesicht und das Herz klopfte mir bis zum Hals. Was mochte ich falsch gemacht haben? »Ich habe herausgefunden«, sagte Herr Wenger, »dass vor zwei Jahren an einem gemeinsamen Gebäudeteil, an der Decke zwischen Zentrum und Hochhaus, eine Reparatur vorgenommen wurde und der gesamte Rechnungsbetrag der Zentrumseigentümerin belastet wurde. Es hätte aber die Hochhauseigentümerin mit ihrem prozentualen Anteil mitbelastet werden müssen, weil die Decke an diesem bestimmten Teil gemäß Dienstbarkeitsvertrag als gemeinsames Eigentum deklariert ist. Aufgrund der Gesamtkosten hätte die Hochhauseigentümerin dreiundfünfzigtausend Franken bezahlen müssen. Nun haben Sie diese Einforderung unterlassen. Ich fordere von Ihnen nun die Rückerstattung der von uns zu Unrecht bezahlten dreiundfünfzigtausend Franken!« Ich war erschüttert und erkannte sogleich, dass wir tatsächlich im Fehler waren. Ich konnte mich sofort erinnern, dass ich damals tatsächlich auch der Meinung war, dass es sich hier um einen gemeinsamen Hausteil handelte. Doch der Direktor sagte mit solcher Bestimmtheit, dass sich diese Reparatur nur auf zentrumseigene Gebäudeteile erstrecke und die Hochhauseigentümerin nicht betreffe, dass ich dies akzeptierte und keine Weiterverrechnung vornahm. Und nun diese Spätfolgen! Ich entschloss mich, sofort mit der Hochhauseigentümerin Kontakt aufzunehmen und ihr die Sache darzulegen, in der Hoffnung, dass sie bereit wäre, ihren Anteil doch noch zu übernehmen. Herr Seiler, mit dem ich damals die geschäftlichen Kontakte pflegte, hörte sich mein Anliegen an und sprach: »Wir haben in unserem Jahresbudget noch einen Betrag von zwanzigtausend Franken frei. Beträge, die nicht mehr im Budget sind, müssen wir unter Darlegung aller Gründe der Rechnungsprüfungskommission zur Genehmigung vorlegen. Bei denen haben wir keine Chance, dass sie von Ihrer Forderung noch etwas akzeptieren würden. Was aber innerhalb des Gesamtbudgets liegt, lässt uns einen gewissen Spielraum offen. Ich wäre also bereit, Ihnen aus diesem Restbudget achtzehntausend Franken zu bezahlen. Aber das tue ich nur, weil wir immer ein so gutes geschäftliches Einvernehmen miteinander hatten. Sie wissen, dass ich jede Zahlung verweigern könnte! Also nochmals, diese achtzehntausend Franken sind eine rein freundschaftliche Geste und dürfen unter keinen Umständen als Präjudiz oder Zugeständnis gedeutet werden.« »Selbstverständlich!«, versicherte ich. »Ich kann Ihnen nicht genug danken für Ihre Freundlichkeit.« Ich war überglücklich und hätte Herrn Seiler am liebsten umarmt. Als ich ins Büro zurückkam, telefonierte ich sofort Herrn Wenger, um ihm diese freudige Mitteilung zu machen. Und nun also war seine Reaktion derart heftig ausgefallen: »Was fällt Ihnen ein, mit den Hochhausleuten eine Sitzung zu halten ohne mein Wissen und Beisein! Ich bin jetzt der neue Verwalter, und Sie haben kein Recht mehr, in dieser Sache etwas ohne meine Vollmacht zu unternehmen!« Ganz benommen von der Schärfe seines Tonfalls und seiner Worte warf ich, nachdem sich Herr Wenger verabschiedet hatte, den Telefonhörer in die Gabel und sagte in einem Anflug von Empörung: »Dieser Mann reißt mir noch den letzten Nerv aus!« Die Lehrtochter blickte erstaunt auf. Da wurde ich gewahr, dass sie es gehört hatte. Augenblicklich kam eine tiefe Scham über mich. Ich hatte soeben diesen Mann vor der Lehrtochter verunglimpft! Ich hatte ihn in Übertreibung hingestellt, als sei er eine Nervensäge, ein ungehobelter Kerl ohne Anstand und Manieren. Wie gerne hätte ich meine Worte zurückgenommen. Was hatte ich mit dieser üblen Nachrede für ein schlechtes Zeugnis als Christ meiner Lehrtochter gegenüber abgegeben! Aber statt dass ich die Sache gleich in Ordnung gebracht und mich bei ihr für diese Worte entschuldigt hätte, schob ich es vor mich hin. Den ganzen Tag und die darauffolgende Nacht lag diese Last des schlechten Gewissens schwer auf mir, auch wenn ich dafür bei Gott um Verzeihung gebeten hatte. Ich wusste, dass ich die Sache unbedingt auch bei meiner Lehrtochter in Ordnung bringen musste. Ich pflegte täglich mit ihr eine kurze Bibelandacht zu halten, bevor wir mit der Arbeit begannen. »An Gottes Segen ist alles gelegen«, war mein Leitspruch. Heute Morgen wollte ich die Andacht nicht beginnen, bevor ich nicht die Sache mit der üblen Nachrede bekannt hatte.

So sagte ich es der Lehrtochter. Sie war erstaunt und fand, dass mein Ausspruch durchaus berechtigt und gewiss nichts Schlimmes gewesen sei. Nun, ich sah es anders. Ein tiefer Friede kam wieder in mein Herz, ja mehr noch, ein richtiges Glücksgefühl! In diesem freudigen Herzensfrieden hielt ich die Andacht und betete zum Schluss für die üblichen, geschäftlichen Belange, wie ich das täglich tat. Doch heute wollte mein Herz fast zerspringen. Es fand kein Ende im Beten. Immer wieder kam neues Gotteslob über meine Lippen und Dank für all die Freundlichkeit und Güte Gottes. »Und, bitte Herr Jesus«, betete ich weiter, »segne den Herrn Wenger. Tue ihm wohl, umarme, herze, liebkose ihn! Drücke ihn an deine Wange und an dein Herz! Lass ihn deine große Liebe, Güte und Barmherzigkeit spüren.« Ich konnte kaum mehr aufhören zu beten, so sehr war ich mit einer Liebe für Herrn Wenger im Herzen erfüllt. Dann gingen wir wieder an die Arbeit. So gegen elf Uhr kam ein Anruf von Herrn Wenger. »Guten Tag Frau Frei. Wie geht's?« Hatte ich recht gehört, der fragte, wie es mir gehe? Das hatte Herr Wenger noch nie getan. »Danke, gut!« »Und wie geht's der Frau Direktor? Hat sie ihr Kindlein schon bekommen?« Was soll denn das plötzlich? Das waren ja private Worte. Und Privates hatte Herr Wenger bisher noch nie mit mir gesprochen! Herr Karpf, der neue Direktor unserer Firma, musste ihm wohl gesagt haben, dass seine Frau schwanger war. »Nein«, entgegnete ich zurückhaltend, »das Kindlein ist noch nicht da. Aber sie rechnen jeden Tag damit. Auf jeden Fall freuen sie sich riesig darauf.« »Da haben sie auch allen Grund dazu«, entgegnete Herr Wenger. »Wenn ich daran denke, als unsere Kleine geboren wurde! Neulich kam sie aus dem Kindergarten und rief schon von Weitem, dass ihr ein Zahn wackelte.« War das Herr Wenger, der da in solch menschlicher, freundlicher Weise mit mir redete? Ich wurde plötzlich unsicher, ob da nicht irgendein Haken drin war.

Der wollte mir bestimmt wieder eine unangenehme Nachricht rüberbringen und tat es, wie man es in jedem Personalführungsseminar lernt: Zuerst das Zuckerbrot, dann die Peitsche. Oder wie kürzlich auf einem Kalenderblatt zu lesen war: »Jeder Tadel sollte in zwei Scheiben Lob eingeklemmt sein!« Doch dann sagte er: »Ach ja, Frau Frei, weshalb ich überhaupt anrufe: Ich wollte Ihnen sagen, dass wir mit den achtzehntausend Franken, die von der Hochhauseigentümerin kommen, zufrieden sind und die Sache nun ad acta legen. Das Ganze ist ja längst abgebucht. Ich möchte Ihnen aber doch danken für Ihren Einsatz und Ihnen ein Kompliment machen, dass Sie bei der Hochhauseigentümerin diese hohe Summe noch einhandeln konnten. Also dann, alles Gute und auf Wiederhören!« Mir blieb für einen Augenblick die Sprache weg. Dieser Mann war bereit, uns den ganzen Restbetrag zu erlassen! Er tat es auf höheren Befehl!

Der Amokläufer

Vor plötzlichem Schrecken musst du dich nicht fürchten. Sprüche 3,25

»Frau Frei, Sie müssen sofort herkommen. Herr Good, der Mieter in der Parterrewohnung, läuft Amok! Er zertrümmert die ganze Hausfassade, gräbt Löcher in den Rasen und zündet ganze Rasenflächen an! Kommen Sie schnell!« Es war die Abwartin einer unserer Liegenschaften, die mit mir telefonierte und in Panik war. »Ich werde sofort vorbeikommen. Bitte bewahren Sie Ruhe!«, sagte ich spontan. Ich war ja für Mieterprobleme, auch solcher Art, zuständig. Kaum hatte ich den Telefonhörer aufgelegt, wurde mir erst recht bewusst, dass ich es diesmal mit einem Amokläufer zu tun bekommen würde. Plötzlich kamen mir Pressemeldungen in den Sinn: »Sechs Personen von Amokläufer getötet ... Acht Personen von Amokläufer getötet ... « usw. Es wurde mir angst und bange. Wie hatte man mit Amokläufern eigentlich umzugehen? Müsste ich nicht ein Gewehr haben? Ich konnte Herrn Good doch nicht unbewaffnet entgegentreten! Ich überlegte, wo ich mir sofort ein etwas leichteres Gewehr besorgen könnte. Und wenn ich eines hätte und dem Amokläufer gegenüberstünde – brächte ich es fertig, ihn zu erschießen? »Du sollst nicht töten«, kam als Antwort in mein Herz. Ich atmete auf. Also würde ich nicht in diese Entscheidung hineingestellt. Ich brauchte also kein Gewehr. Aber wie würde ich mit diesem Ausgerasteten denn zurechtkommen? Ich bin von kleiner, zierlicher Statur. Einen Zweikampf könnte ich mit ihm nicht aufnehmen. Plötzlich packte mich eine panische

Angst. »Herr Jesus, bitte hilf mir! Ich habe Angst. Du weißt, dass ich unbewaffnet gegen diesen Amokläufer antreten muss. Bitte hilf mir!« Schon hatte ich mir den Mantel umgelegt und mich bei der Lehrtochter verabschiedet, um zur besagten Liegenschaft zu fahren, als das Telefon klingelte. Die Lehrtochter nahm den Hörer ab. »Wenn's für mich ist«, rief ich ihr während des Hinausgehens zu, »dann sage, ich sei soeben am Fortgehen. Ich würde später zurückrufen.« Ich war inzwischen schon beim Lift. Da rief mir die Lehrtochter zu: »Es ist Frau Mäder. Sie sagt, es sei dringend und würde nur einen Augenblick dauern!« So kam ich nochmals ins Büro zurück und nahm Ella Mäders Anruf entgegen. Ella war eine Freundin von mir. Es war nur eine Banalität, die sie mir sagen wollte. Etwas, das sie mir durchaus auch bei anderer Gelegenheit hätte sagen können. Ich verabschiedete mich schnell, legte den Telefonhörer auf und eilte wieder zum Lift. Plötzlich kam mir der Gedanke: Ella! – Sie war die mir von Gott gesandte Hilfe! Sie war sehr korpulent, wog über hundert Kilo. Ich müsste sie dem Amokläufer nur vor die Augen stellen können. Mit ihr würde er den Kampf sicher nicht aufzunehmen wagen. Sofort ging ich wieder ins Büro zurück, wählte Ellas Telefonnummer und legte ihr meine Not und meinen Vorschlag vor. »Aber sicher werde ich mit dir kommen«, lachte Ella fröhlich. »Ich habe keine Angst vor diesem Mann. Du kannst mich gleich abholen.« Sie wohnte an der Wegstrecke, die ich ohnehin zu fahren hatte. Eine halbe Stunde später kamen wir in der Liegenschaft an. Im Auto beteten Ella und ich noch um Gottes ganz besonderen Schutz. Dann gingen wir mutig der angekündigten Gefahr entgegen. Die Hauswartin, mit der ich zuerst die Sachlage besprechen wollte, war nicht zu Hause. Es war überhaupt alles ruhig um die Liegenschaft herum. Keine Polizei, kein Krankenauto, kein Menschenauflauf! Herr Good, der Amokläufer, hatte also niemanden tätlich angegriffen. Ob er sich inzwischen beruhigt hatte? Ich beschloss, an seiner Wohnungstür zu klingeln. Ella, mein Schutzschild, war ja bei mir. Herr Good war auch nicht zu Hause. Wir beschlossen, die zertrümmerte Hausfassade zu inspizieren. Wir umgingen den ganzen Wohnblock, fanden aber nirgendwo einen Schaden an der Hauswand. Wir wiederholten den Rundgang. Wiederum war nichts zu sehen. Doch da! Plötzlich sah ich es! Es war auf Kniehöhe in der Größe eines Fingers ein Stück Abrieb eingeschlagen. Daneben lag ein Werkzeug, ein sogenannter Engländer. Er hatte wohl als Wurfgegenstand gedient. Wir suchten nun nach Löchern im Rasen. Auch hier dasselbe: Ein erster Rundgang ließ uns kein einziges Loch finden. Beim zweiten, als wir noch viel intensiver Ausschau hielten, wurden wir einiger Fußeindrücke im Rasen gewahr. Als ob jemand wie beim Weitsprung mit den Fersen in den Boden hineingesprungen wäre. Wir fanden auch keinen angezündeten Rasen. Aber wir beschlossen, noch einen dritten Rundgang zu machen und wie Detektive nach Brandspuren zu suchen. Wir fanden welche. Vor Herrn Goods Terrasse. Den Spuren nach hatte er dort einen Grill aufgestellt, denn es war ein runder Brandkreis zu sehen, wie von ausgesprühten Kohlefunken. Es sah keineswegs dramatisch aus. Wir hatten für das Ganze nur noch Kopfschütteln übrig. So banal war das wirklich Geschehene – und so dramatisch hatte mir die Hauswartin »den Tathergang« geschildert. Und ich wäre beinahe mit einem Gewehr am »Ort des Verbrechens« erschienen!

Schweigen ist Gold

So ihr stille bliebet, würde euch geholfen werden. Jesaja 30,15

»Ich habe es mir überlegt. Ich möchte die Wohnung doch nicht haben.« Das war nun schon der fünfte Interessent, der die ausgeschriebene Eigentumswohnung besichtigt und nun eine Absage erteilt hatte. Ich wäre nur zu froh gewesen, wenn die Wohnung endlich einen Abnehmer gefunden hätte. Das häufige Wohnung zeigen nahm jedes Mal viel Zeit in Anspruch. Es gehörte zu meinen Pflichten, gelegentlich bei den Interessenten nachzufragen, wie sie sich inzwischen entschieden hätten. Und immer war es das gleiche: Man sei an der Wohnung nicht mehr interessiert. Man habe etwas Anderes gefunden. Ein paar Tage später kam ein weiterer Anruf in dieser Sache. »Guten Tag, hier spricht Josef Angehrn. Sie haben im Tagblatt eine Wohnung für dreihundertfünfzigtausend Franken ausgeschrieben. Ist sie noch zu haben?« »Ja!« antwortete ich. »Gut, dann mache ich Ihnen ein Angebot. Ich kaufe Ihnen die Wohnung ab für dreihundertzwanzigtausend Franken. Wenn Sie damit einverstanden sind, können wir gleich stipulieren! Die Wohnung kenne ich und muss sie also gar nicht erst besichtigen! Nun, was sagen Sie dazu?« Josef Angehrn ließ keinen Zweifel offen – er wusste sich zu artikulieren und schien es gewohnt, sich durchzusetzen. Er schien ein Kampfhahn zu sein und sich auf eine Kraftprobe einlassen zu wollen. Und diese Kühnheit reizte mich. So antwortete ich freundlich, aber bestimmt: »Der Preis bleibt dreihundertfünfzigtausend Franken. Da ist leider nichts zu machen. Dieser Betrag ist bereits weit unter dem Wert der Wohnung. Wir mussten sie aus einem Konkurs mit großem Verlust an Zahlung nehmen. Da können wir nicht noch weiter hinunter mit dem Preis.« »Na ja, ich kann warten!«, sagte er mit einem Unterton von Siegesgewissheit. »Wenn Sie auf mein Angebot zurückkommen wollen, rufen Sie mich bitte an.« Der Direktor, Herr Karpf, erkundigte sich gelegentlich nach dem Stand der Verkaufsverhandlungen der Eigentumswohnung. So rapportierte ich ihm: »Da ist ein Interessent, der würde die Wohnung auf der Stelle nehmen, wenn wir ihm einen Preisnachlass von dreißigtausend Franken gewähren. Ich habe selbstverständlich abgelehnt.« »Finden Sie das gut?«, fragte er. »Wir sollten doch zugreifen, wenn er denn schon kaufwillig ist. Ist es nicht besser, den Spatz in der Hand zu haben, als die Taube auf dem Dach?« »Aber, Herr Direktor, so schnell sollten wir doch nicht aufgeben. So kampflos! Ich spüre, dass dieser Mann die Wohnung unbedingt haben will. Für dreißigtausend Franken Preisnachlass können wir noch eine Menge Verkaufsanzeigen inserieren. Da lässt sich gewiss jemand finden, der den ganzen Preis bezahlt.« Ich wusste, dass der Direktor mich sehr schätzte und dass mein Wort bei ihm Gewicht hatte. So sprach er denn: »Nun, wenn Sie meinen. Dann tun Sie, was Sie für gut finden!« Nach vier Wochen war die Wohnung noch immer nicht verkauft. Da meldete sich Herr Angehrn wieder am Telefon. Spöttisch, und wie mir schien mit einem schadenfreudigen Unterton, sagte er: »Sie bringen wohl Ihre Wohnung nicht los! Ich sehe immer wieder Ihre Inserate in der Zeitung. Kann ich sie jetzt haben für dreihundertzwanzigtausend Franken?« Bis in die Fingerspitzen spürte ich das Kräftemessen und entgegnete: »Für dreihundertfünfzigtausend ja, für dreihundertzwanzigtausend nein!« »Sagen Sie mal«, brummte er ärgerlich, »sind Sie hier eigentlich der Chef?« »Nun, der Chef bin ich nicht. Aber ich bin von ihm autorisiert, diesen Wohnungsverkauf zu tätigen.«»Dann wünsche ich Ihren Chef zu sprechen. Ich will mit ihm die Verhandlungen führen!« Ich versprach ihm bereitwillig, diesen Kontakt herzustellen. »Ach, geben wir ihm doch die Wohnung«, meinte der Direktor, als ich ihm den Wunsch von Josef Angehrn vorbrachte. »Aber, Herr Direktor, so kampflos? Das können Sie doch nicht machen! So leichthin dreißigtausend Franken abschreiben? Sie wissen doch, wie viel wir schon an dieser Wohnung verloren haben. Ich spüre, dass das nur ein Kräftemessen ist. Wer den längeren Atem hat, hat gewonnen.« Mit großer Überzeugungskraft versuchte ich den Direktor zum Widerstand anzuspornen. »Ach, dann tun Sie, was Ihnen für gut erscheint. Aber machen Sie das mit Angehrn selber aus. Ich will jedenfalls nicht mit ihm reden.« Anderntags rief ich Josef Angehrn an und teilte ihm mit: »Der Entscheid ist gefallen. Der Preis bleibt dreihundertfünfzigtausend!« Ärgerlich antwortete er: »Sind Sie knallhart! Sagen Sie mal –«, ganz langsam, als ob er von seinen eigenen Gedanken überrascht wäre, fuhr er plötzlich unsicher fort, – »haben Sie etwa einen anderen Interessenten, dass Sie sich so sicher fühlen und nicht nachgeben?« Aha, das war's! Genau das, was ich so stark gespürt hatte. Nämlich, dass Josef Angehrn die Wohnung wirklich haben wollte, sich bis dahin aber als vermeintlich einziger potenzieller Interessent sehr sicher fühlte. Musste er nicht im Fall, dass da wirklich noch ein anderer Interessent war, der die Wohnung auch haben wollte, befürchten, dass sie ihm vor der Nase weggeschnappt wird? Wenn ich also Ja sage, dachte ich, dann würde er die Wohnung sicher sofort zu unserem Preis nehmen. »Du sollst nicht lügen!«, tönte es plötzlich in meinem tiefsten Innersten. »Nicht lügen … « Ich war auf einmal ganz sicher, dass ich mit einem Ja Herrn Angehrn in die Enge treiben und so zum Kauf provozieren könnte. »Du sollst nicht lügen!« Da kam ein

schlauer Gedanke in mir auf: Wenn ich meinen Mund zuknei-
fen würde und in leicht singender Weise statt des Wortes »Ja« ein
»hmhm« ertönen ließe, in der gleichen Tonlage wie man das Wort
»Ja« spricht, dann wäre das ja nicht geredet, sondern gesungen.
Zum Lügen aber braucht es Worte. – »Eure Rede sei: Ja, ja; nein,
nein. Was darüber ist, das ist vom Übel.« (Matthäus 5,37). Schon
war sie wieder da, diese leise Stimme in meinem Inneren. Ein »Ja«
musste es also sein, oder ein »Nein«. Das mit dem »hmhm« war
also nicht erlaubt. Aber ein Ja konnte ich nicht sagen, weil kein
anderer Interessent da war. Und ein Nein wollte ich nicht sagen.
Also schwieg ich. Eine peinlich lange Stille war in der Telefonlei-
tung. Diese unterbrach Herr Angehrn nach einer Weile und sagte:
»Aha, ich habe verstanden. Ihr Schweigen – ich weiß nun, was es
bedeutet: Sie haben einen anderen Interessenten und dürfen mir
das nicht sagen. Ich verstehe.« Dann machte er eine kleine Pause
und fuhr fort: »Ich möchte aber nicht, dass mir jemand diese Wohnung wegschnappt. Gut, ich kaufe sie zu Ihrem Preis!« Noch in
derselben Woche wurde der Kaufvertrag abgeschlossen.

Der Engel

O Herr, öffne ihm doch die Augen, dass er sieht! 2. Könige 6,17

»Würde es Ihnen etwas ausmachen, morgen ins Büro zu kommen und uns während der Sitzung Kaffee und Gipfeli zu servieren?«, fragte mich der Interimsdirektor. Nein, es machte mir nichts aus. Morgen, Samstag, sollte eine wichtige Vorbesprechung zu den bevorstehenden Verkaufsverhandlungen mit dem neuen Käufer der Firma unseres verstorbenen Direktors stattfinden. Anwesend würden sein: Der Interimsdirektor Heinz Karpf, Kathrin Zschokke, die Witwe des verstorbenen Direktor Hannes Zschokke und zwei Anwälte. Kurz vor Büroschluss kam Frau Zschokke bei mir im Büro vorbei und sprach:»Frau Frei, ich bin ein bisschen unruhig wegen der morgigen Sitzung. Sie wissen, dass mir sehr daran gelegen ist, dass beim Verkauf alles durchsichtig, korrekt und ehrlich abgewickelt wird. So, dass Gott seinen Segen darauflegen kann. Darum möchte ich Sie bitten, mit mir zusammen zu beten und diese morgige Sitzung Gottes Führung anzubefehlen und ihn zu bitten, dass er die Verhandlungen so leitet, dass nichts Unlauteres ausgehandelt wird!« Das war natürlich ein Wunsch, den ich liebend gern erfüllte. So beteten wir zusammen um Gottes Führung und Gegenwart an der morgigen Sitzung. Am Samstag kam ich zur vereinbarten Zeit ins Büro. Acht Gipfeli hatte ich beim Bäcker eingekauft, pro Person zwei, wie Herr Karpf gewünscht hatte. Die Sitzungszimmertür war offen. Ich musste daran vorbei, um in die Büroküche zu gelangen. So trat ich unter den Türrahmen und grüßte mit einem freundlichen »Grüezi mitenand!« die vier Anwesenden, die ich alle kannte. Nun saß da noch ein Mann, den kannte ich nicht. Auch ihm nickte ich bei meinem Gruß freundlich zu. Und er lächelte ebenso freundlich zurück. In seinem Blick lag etwas Sonderbares, Liebenswürdiges. Er war gekleidet wie die übrigen Geschäftsherren. »Ach, wie dumm«, dachte ich, »jetzt habe ich zwei Gipfeli zu wenig! Herr Karpf hatte mir nicht gesagt, dass noch eine fünfte Person kommen würde. Ich kann doch nicht den einen Anwesenden zwei und den anderen nur ein Gipfeli geben!« So beschloss ich, je vier Gipfeli auf zwei Teller zu legen und diese in die Mitte des Tisches zu stellen, damit sich jeder selber bedienen konnte. Ich ging in die Büroküche und bereitete fünf Kaffees zu und ging mit diesen und den zwei Tellern mit den Gipfeli ins Sitzungszimmer. Dort verteilte ich die Kaffees. Der mir nicht bekannte Herr war nicht mehr an seinem Platz. Ich dachte, er sei zur Toilette gegangen. So stellte ich ihm den Kaffee an seinen Platz. Er würde gewiss jeden Augenblick zurückkommen. Ich nahm das leere Tablett und wollte damit aus dem Sitzungszimmer gehen, als mich Frau Zschokke fragte: »Für wen ist der Kaffee dort?« »Für den Herrn, der hier gesessen hat«, antwortete ich. »Aber dort hat kein Herr gesessen«, erwiderte sie. Aller Augen waren auf mich gerichtet. Die Schamröte stieg mir ins Gesicht. Wie peinlich! Aber ich hatte hier doch einen Herrn gesehen und er hatte mich ganz freundlich angelächelt! Was mussten diese Geschäftsherren nun von mir denken? Ich wollte den Kaffee wieder vom Platz wegnehmen und gedachte, ihn in der Küche dann selber zu trinken. Da sprach einer der Anwälte: »Lassen Sie den Kaffee nur hier. Ich mag liebend gern zwei trinken.« Ganz verwirrt ging ich in die Küche hinaus. Dieser andere Herr! Ich hatte ihn doch genau gesehen! Wie konnte ich mir nur sowas einbilden, schalt ich mich. Und so ging ich wieder zur Tagesordnung über und vergaß das Ganze. Am Montag kam Frau Zschokke zu mir ins Büro und sprach: »Haben Sie's gemerkt?« »Was gemerkt?«, fragte ich erstaunt. »Das mit dem Engel!«, erwiderte sie. »Der Mann, dem Sie den Kaffee hinstellen wollten! Sie haben ganz betroffen reagiert und schienen irgendwie verstört, als ich sagte, dort habe niemand gesessen. Gewiss haben Sie einen Engel gesehen. Erinnern Sie sich noch, dass wir um Gottes Führung und Gegenwart während der Sitzung gebetet hatten? Das war gewiss seine Gebetserhörung!« Augenblicklich fiel es mir wie Schuppen von den Augen. Ja, das war es! Sofort kam mir der Knecht Elisa in den Sinn, der auch für einen kurzen Augenblick in die unsichtbare Welt schauen durfte. Das lesen wir in 2. Könige 6,13-17: »Der König von Syrien sprach: ›So geht und seht nach, wo der Prophet Elisa ist, dass ich ihn greifen lasse.‹ Als man ihm nun die Kunde brachte: ›Er ist in Dothan‹, sandte er Rosse und Wagen und eine große Streitmacht dorthin; die kamen bei Nacht und umzingelten die Stadt. Am Morgen in der Frühe machte sich der Gottesmann auf und ging hinaus: Siehe, da lag rings um die Stadt ein Heer mit Ross und Wagen. Da sprach sein Diener zu ihm: ›Wehe, Herr, was wollen wir nun machen?‹ Er antwortete: ›Fürchte dich nicht! Denn derer, die bei uns sind, sind mehr als derer, die bei ihnen sind.‹ Und Elisa betete: ›O Herr, öffne ihm doch die Augen, dass er sieht!‹ Und Gott öffnete dem Diener die Augen, und er sah: Da war der Berg rings um Elisa her voll feuriger Rosse und Wagen.«

Das Gewinnspiel

Und wenn ihr die ganze Welt gewönnet ... Matthäus 16,26

Verflixt! Genau diesen Mantel möchte ich gerne haben, aber er war von der Versandfirma, die einen regelrecht mit Gewinnspielen torpedierte. Und ich hatte es mir zum festen Vorsatz gemacht, diese Reklamecouverts jeweils ungeöffnet in den Papierkorb zu werfen. Meine Freundin Annemarie war wegen diesen verlockenden Gewinnspielen regelrecht in finanzielle Schwierigkeiten geraten, weil sie aus dem Versandkatalog immer wieder Dinge bestellte, die sie nicht brauchte und auch kein Geld dafür hatte. Aber sie redete sich andauernd ein, wenn sie etwas bestelle, hätte sie eine größere Chance, etwas zu gewinnen und dann würde sie mit dem Gewinn endlich ihre Schulden bezahlen können. Ein Teufelskreis. Und da ich ihr immer wieder ernstlich zuredete, diese Reklamecouverts doch gar nicht erst zu öffnen, um nicht in Versuchung zu kommen, musste ich natürlich selber mit guten Beispiel vorangehen. Ob ich für dieses eine Mal das Couvert öffnen durfte? Ich wollte ja nur den Bestellschein herausnehmen, um den Mantel zu bestellen. Meine Motivation war ja nicht die Teilnahme am Gewinnspiel. Gewiss durfte ich in diesem Fall eine Ausnahme machen. Als ich das Couvert öffnete, schoss mir in großen Lettern entgegen: »Gewinnen Sie zehntausend Franken in bar!« Wie der Duft eines feinen Parfüms fuhr es mir in die Nase. »Zehntausend Franken in bar!« Wäre das nicht wunderbar, wenn ich sie gewönne? Schon hatte mich die Phantasie auf ihre Flügel

69

genommen. Natürlich nicht für mich persönlich wünschte ich mir das Geld, sondern für meine Christengemeinde. Die könnte es gut gebrauchen. Anonym müsste ich es ihr natürlich vermachen, das war klar. Es dürfte niemand wissen, dass ich es an diesem Glücksspiel gewonnen hätte. Aber warum eigentlich anonym? Wer sagt denn, dass Glückspiel Sünde ist? fragte ich mich. Und schon kam mir das Bild vom schmalen und vom breiten Weg in den Sinn, das ich in meinem Wohnzimmer hängen hatte. Auf der Seite des breiten Weges war ein Stand »Lotto«, also Glücksspiel. Nach meinem damaligen Glaubens- und Erkenntnisstand wollte ich also Glücksspiele meiden. Heute sehe ich das allerdings anders. »Wenn du heimlich an diesem Gewinnspiel mitmachst, bist du nicht ehrlich Annemarie gegenüber. Bedenke, dass du ihr Wasser predigst. Und nun willst du heimlich Wein trinken?«, hörte ich die Stimme in meinem Innersten. Aber ich wollte sie für dieses eine Mal nicht beachten. Schließlich würde ich ja primär den Mantel bestellen und mich nur sekundär am Gewinnspiel beteiligen, rechtfertigte ich mich. Das wäre ein Unterschied zu Annemarie. Diese beteiligte sich primär am Gewinnspiel und bestellte sekundär irgendetwas. So sandte ich den Bestellschein ab, nicht im neutralen Bestellcouvert, sondern im Couvert mit dem Aufdruck: »Ich will am Gewinnspiel mitmachen.« Tage darauf erhielt ich den Mantel. Er passte mir weder in der Größe noch sonst, sodass ich ihn wieder zurückschickte. Der Sendung lagen Gewinndokumente bei, mit großen Schlagworten: »Sie haben zehntausend Franken gewonnen!« Man wurde aufgefordert, den Preis unverzüglich mit dem mitgesandten Gewinnzertifikat anzufordern. Natürlich erfuhr man, wenn man das Kleingedruckte las, noch etwas Anderes: »… oder einen Trostpreis, einen Kugelschreiber.« So erhielten natürlich alle Teilnehmer immer dieselbe Nachricht: »Sie haben gewonnen!« Und schon entbrannte erneut ein Kampf in mir. Wenn ich mich heimlich an diesem Gewinnspiel weiter beteiligte, so wäre ich nicht mehr durchsichtig, lauter! Und wenn ich die zehntausend Franken gewönne und sie der Christengemeinde anonym überweisen wollte, verriete ich damit ja, dass das Ganze nicht im Licht, sondern in der Finsternis geschähe, und also nicht recht vor Gott wäre. *»Die Menschen aber liebten die Finsternis mehr als das Licht, weil ihre Werke böse waren.«* (Johannes 3,19). Dieses Bibelwort traf mich mitten ins Herz! Unverzüglich warf ich das Gewinnzertifikat in den Mülleimer. Erleichtert über diesen Entscheid ging ich daran, das Mittagessen zuzubereiten. Als ich die Gemüseabfälle in den Mülleimer werfen wollte – Mülltrennung kannte man damals noch nicht – kam mir plötzlich der Gedanke: »Halt! Überlege dir die Sache mit dem Gewinnzertifikat noch einmal gründlich. Vielleicht ist es Gottes Wille, dass du diese zehntausend Franken gewinnst und die Gemeinde damit beschenken darfst.« Ja, das wollte ich tun. Ich wollte warten bis zum Abend und mir die Sache nochmals reiflich überlegen. Also tat ich die Rüstabfälle nicht in den Mülleimer, sondern stellte sie in einem Gefäß beiseite, für den Fall, dass ich das Zertifikat wieder aus dem Mülleimer herausnehmen und absenden müsste. Als ich am Abend von der Arbeit nach Hause kam und das Abendessen zubereiten wollte, verwunderte ich mich, weshalb die Gemüseabfälle noch auf dem Rüsttisch waren. Die gehörten doch in den Mülleimer! So warf ich sie flugs hinein. Doch plötzlich kam mir das Gewinnzertifikat in den Sinn, das ja noch im Mülleimer lag. Schnell wühlte ich unter den Abfällen und nahm das Zertifikat wieder heraus. Ich hatte mir beim Mittagessen ja vorgenommen, mir die Sache bis zum Abend zu überlegen. Aber stattdessen hatte ich sie ganz vergessen. Erst diese Abfälle erinnerten mich wieder daran. Ob ich das Zertifikat abschicken sollte? Warum nur hatte ich so einen harten Kampf deswegen? Es wäre doch nichts dabei, wenn ich zehntausend Franken gewönne und sie heimlich der Gemeinde vermachte. Schließlich sagt ein Bibelwort ja auch, dass wir uns Freunde machen sollen mit dem ungerechten Mammon. Und zudem, die Gemeinde würde ja gar nicht wissen, aus welcher Quelle das Geld käme. Da trafen mich die Bibelworte mit Wucht: »*Es ist aber nichts verborgen, was nicht offenbar wird, und nichts geheim, was man nicht wissen wird. Darum, was ihr in der Finsternis sagt, das wird man im Licht hören, und was ihr ins Ohr flüstert in der Kammer, das wird man auf den Dächern predigen.*« (Lukas 12,2-3). Und: »*Was nützt es dem Menschen, wenn er die ganze Welt gewönne und nähme doch Schaden an seiner Seele.*« (Matthäus 16,26). Dann kam noch ein weiteres Reden Gottes hinzu: »Wenn du dieses Gewinnzertifikat abschickst, so wisse: Ich werde dich die zehntausend Franken gewinnen lassen. Es soll dir aber nicht gelingen, es heimlich zu tun. Ich werde die Scheinwerfer der Öffentlichkeit auf dich richten und dich in seinen Lichtkegel stellen. Du weißt ja, wie ihr in der Public Relation-Abteilung immer wieder nach außergewöhnlichen Gags sucht, um die Aufmerksamkeit der Kundschaft anzuziehen. Denke nicht, ich hätte weniger Phantasie als eure PR-Leute. Denn wisse, ich will nicht, dass du dich in Heimlichkeiten verstrickst!«»Danke, Herr Jesus, nun habe ich verstanden!« Ich zerriss das Zertifikat, warf es in den Mülleimer, verschnürte den Müllsack und warf ihn unverzüglich in den Müllschlucker. »Du hast recht, Herr!«, nahm ich das Gebet wieder auf. »Du hast es nicht nötig, deinen Kindern Geschenke zu machen, die sie aus unlauteren Motiven oder für unlautere Zwecke erbitten. Selbst wenn du es mich heimlich tun ließest, könnte ich es ja nicht einmal jemandem erzählen, wenn ich die zehntausend Franken gewonnen hätte. Wenn du aber Großes und Wunderbares tust, dann tust du es so, dass wir es überall verkünden dürfen und sollen. Und ich weiß gewiss, Herr Jesus, wenn du mir tatsächlich zehntausend Franken geben wolltest, so könntest du das auf eine Weise tun, die ich dann auch überall zu deines Namens Ruhm und Ehre erzählen dürfte.« Drei Tage später, es war Samstagmorgen, rief mich die Witwe des verstorbenen Direktors an und sagte:»Frau Frei, ich war gestern mit Herrn Karpf zum Essen. Da haben wir unter anderem auch über Sie geredet. Herr Karpf erzählte mir, dass Sie für die neue Verwaltungsfirma nochmals die Betriebskostenabrechnung gemacht und dafür ein zusätzliches Abrechnungshonorar von fünftausend Franken eingehandelt haben.« Das mit diesem zusätzlichen Abrechnungshonorar war folgendes: Die jährliche Betriebskostenabrechnung für die beiden Stockwerkeigentümer Bürohaus und Ladenzentrum war mir durch jahrelange Wiederholung recht geläufig und bereitete mir trotz ihrer Kompliziertheit keinerlei Schwierigkeiten, obwohl immerhin über eine Million Franken in verschiedene Kostengruppen zu verteilen und zu verbuchen waren. Als im Anschluss an den Tod des Direktors die Zentrumseigentümerin einen Teil unseres Verwaltungsmandates kündigte, nämlich eben diese Betriebskostenbuchhaltung, die sie durch ihre Zentralstelle abwickeln wollte, war ich von Anfang an skeptisch, ob denen eine so komplizierte Abrechnung auf Anhieb gelingen würde. Ja, ich war geradezu hundertprozentig sicher, dass das ein Chaos geben wird. Denn diese verschiedenen Kostenverteiler, die nach Dienstbarkeitsverträgen in praktisch jeder Kostengruppe einen anderen Prozentsatz hatten, setzten schon eine gewisse Kenntnis der Gebäulichkeiten und überhaupt ein großes, praxisbezogenes Insiderwissen voraus. Wir waren ja vor Ort, die neue Berner Verwaltungsfirma hingegen verwaltete nun das Ganze von ferne. Es war vereinbart worden, dass das erste Jahr noch sämtliche Rechnungen an unsere Adresse gingen. Wir hatten diese dann zu kontrollieren und zur Verbuchung und Bezahlung an die Zentralstelle in Bern weiterzuleiten. Da in meinem

Herzen der Verdacht nicht wich, dass die Berner Firma diese erste, selbst zu machende Abrechnung bei allem guten Willen nicht zustande bringen würde, beschloss ich, sicherheitshalber sämtliche eingegangenen Rechnungen bei uns intern so zu verbuchen, als ob ich die Abrechnung Ende Jahr wie gewohnt machen müsste. Und prompt kam zu gegebener Zeit die Anfrage des neuen Verwalters, ob wir die Betriebskostenabrechnung nochmals machen könnten. Es seien da »einige Schwierigkeiten« in der Buchhaltung aufgetreten. »Aber nicht gratis!«, entfuhr es mir spontan. »Wieviel verlangen Sie dafür?«, fragte Herr Wenger. Spontan antwortete ich: »Fünftausend Franken!« »Okay, ich bin damit einverstanden«, erwiderte Herr Wenger. Da ich die Abrechnung das ganze Jahr hindurch à jour gehalten hatte, war der Abschluss derselben nur noch eine kurze Sache. Von diesen fünftausend Franken also sprach die Witwe. Diese Sache lag aber schon etliche Monate zurück. »Und nun«, fuhr sie fort, »möchte ich, dass diese fünftausend Franken Ihnen persönlich gehören sollen. Schließlich haben Sie die ganze Arbeit gemacht. Und dann hat mir Herr Karpf auch noch erzählt, dass die Versicherungsgesellschaft, deren Liegenschaft Sie verwalten, eine zusätzliche Honorarvergütung von dreieinhalbtausend Franken gemacht hat, mit dem Hinweis: ›Für die ausgezeichnete Verwaltung der Liegenschaft.‹ Das haben ja alles Sie, Frau Frei, gemacht. Und so will ich, dass auch diese dreieinhalbtausend Franken Ihnen persönlich gehören. Nun befehle ich Ihnen, sich den Gesamtbetrag von achteinhalbtausend Franken auf Ihr Privatkonto anzuweisen. Ich dulde keine Widerrede! Sie sind so eine tüchtige Geschäftsfrau. Sie haben das verdient!« Ich war sprachlos. Gott wollte mir also zeigen, dass er mir auf eine Weise Geld schenken kann, die ich zu seiner Ehre überall erzählen darf!

Die Tierhaltung

Die von unreinen Geistern Geplagten wurden von Jesus geheilt. Lukas 6,18

»Ich muss darauf bestehen, dass wir morgen die Wohnung besichtigen können!«, sagte ich energisch zu Herrn Hug. »Jetzt haben wir schon drei Mal darauf Rücksicht genommen, dass Ihnen unser angekündigter Besuch nicht passte. Nun können wir nicht länger warten. Wir werden morgen um 14 Uhr bei Ihnen vorbeikommen. Wenn Sie nicht zu Hause sind, dann bitte ich Sie, bei der Hauswartin Ihren Wohnungsschlüssel zu deponieren. Falls Sie das nicht tun, werden wir mit unserem Passepartout Einlass in Ihre Wohnung nehmen.« Wütend antwortete Herr Hug: »Ich warne Sie! Wenn Sie in die Wohnung eindringen, wird Sie mein Hund zerfetzen. Er verteidigt sein Revier wie wild. Also, Sie sind gewarnt. Ich lehne jede Verantwortung ab!« Wir hatten diesem Mieter kündigen müssen. Es waren immer wieder Klagen gekommen von anderen Mietern im Mehrfamilienhaus, es käme unerträglicher Gestank aus der Hug-Wohnung. Wann immer diese die Wohnungstür öffneten, entweiche eine Gestankwolke. Dasselbe geschehe, wenn sie die Wohnungsfenster offen hätten, je nach Witterung und Windrichtung. Die Familie Hug hatte sich ohne unser Wissen und Einverständnis eine Anzahl Katzen und einen Hund zugelegt, die sie wohl nicht tiergerecht pflegten. Aufgrund dieser Informationen wies ich die Familie an, die Haustiere zu beseitigen und setzte ihnen eine Frist. Die Tiere wurden nicht weggetan. Die Hugs reagierten überhaupt nicht auf unsere Intervention. Zwei weitere Schreiben ignorierten sie gänzlich. Dann kündigte ich ihnen die Wohnung. Es war zu erwarten, dass die Wohnung total renoviert werden musste. Deshalb war eine vorherige Besichtigung nötig. Die Handwerker mussten schließlich rechtzeitig für die Renovation aufgeboten werden. Das mit dem bissigen Hund hatte mich in Angst versetzt. Ich hatte schon oft gehört, wie Hunde in Verteidigung ihres Reviers Menschen gebissen hatten. So telefonierte ich dem ortsansässigen Präsidenten des Hundeclubs und erzählte ihm von der bevorstehenden Wohnungsbesichtigung und vom bissigen Hund. Ich bat ihn um Rat. »Ach, lassen Sie mich das machen!«, erbot sich Herr Egloff freundlich. »Ich weiß schon, wie man mit solchen Hunden umgeht. Da muss man nur eine Wurst mitnehmen. Wenn Sie wollen, komme ich morgen mit Ihnen.« Dieses freundliche Angebot nahm ich gerne an. So kamen wir anderntags zum vereinbarten Zeitpunkt zur Hug-Wohnung. Die Hauswartin, Herr Egloff mit versprochener Wurst, der Maler, der Teppichhändler und ich. Ich läutete mehrmals an der Wohnungstür. Nichts regte sich. Dann öffnete ich mit dem Passepartout die Wohnung. Ein unbeschreiblicher Gestank lähmte uns beinahe. Dann ging alles sehr schnell. Wie eine Furie kam ein Hund daher gerannt und war im nächsten Augenblick durch einen gekonnten Griff in Herrn Egloffs Gewalt. Herr Egloff schob ihm die Wurst ins Maul und nahm sich des Hundes an. Wir übrigen sahen uns in der Wohnung um. Wir alle hielten den Atem an. Es stank so sehr nach Urin und Kot. Die Zimmerecken waren grauschimmelig und der Teppich von Katzenurin durchnässt. Gerade als wir ins Schlafzimmer eintreten wollten, kam eine schlampig aussehende Frau heraus. Wir erschraken alle. Erstaunt und halb schläfrig fragte Frau Hug: »Hat Ihnen mein Mann denn nicht gesagt, dass ich nicht zu Hause bin?« Was wir in diesem Schlafzimmer an Schmutz und Tierkot zu sehen bekamen, übertraf alles andere. Es wurde eine mühselige Sache, diese Wohnung zu sanieren. Als die Teppichleger die alten Teppiche herausnehmen wollten, um neue zu verlegen, konnten sie kaum länger als zwei, drei Minuten anhaltend im Raum sein. So groß war der Gestank. Der ganze Unterlagsboden musste saniert werden. Nach der Renovation konnten wir die Wohnung noch einige Zeit nicht vermieten. Der Uringeruch schien bis tief in die Wände hineingedrungen zu sein. Obwohl sämtliche Wände vom Fachmann chemisch gereinigt und neu tapeziert und auch sämtliche Böden mit neuen Teppichen verlegt worden waren, hing der leidige Geruch noch immer in den Räumen. Aber ein anderer Grund war auch noch mitschuldig, dass die Wohnung eine Zeitlang leer blieb. Ich kam rein zufällig darauf. Die Hauswartin hatte eine kleine vorwitzige Tochter. Wenn immer nun die Mutter einem Mietinteressenten die Wohnung zeigte, kam die Kleine hinzu und erkundigte sich keck: »Werden Sie jetzt in die Stinkwohnung einziehen?« Das war dann das Stichwort für die Mietinteressenten, einige Fragen wegen des sonderbaren Geruches zu stellen. Als ich dann der Hauswartin untersagte, die Kleine bei der Wohnungsbesichtigung dabeizuhaben, fand sich bald eine Familie, die die Wohnung mietete.

Der Lärm

Der, der in euch ist, ist stärker, als der in der Welt ist. 1. Johannes 4,4

Gemütlich flanierte ich durch die Stadt. Das tat ich am liebsten an meinem freien Samstag und wenn das Wetter schön war. Ich liebte es, mich unter vielen Menschen zu bewegen. Und am Samstag war meistens die ganze Stadt auf den Beinen. Ich hatte kein Ziel, ließ mich einfach treiben. Und so führte mich der Weg in den »City-Märt«. Das war eines der Einkaufszentren, die ich verwaltete. Wie ich in die Mall des Zentrums kam, schlug einem in unvorstellbarem Krach Heavy Metal-Musik entgegen. Es war solch ein Widerhall, dass man meinte, die Schaufenster wackeln und der Boden vibriere. Wo kam diese Musik, oder besser gesagt, dieser Lärm her? Er kam von der Galerie im oberen Stockwerk! Dort hatte sich eine Punk-Gruppe zusammengetan. Das war seit einiger Zeit unser großes Problem. Drögeler und Punker hatten sich die Galerie des Einkaufszentrums zu ihrem neuen Treffpunkt erkoren. Zunächst hatten wir über den Zentrumshauswart versucht, sie dort wegzuweisen. Aber sie kamen immer wieder, in immer größeren Verbänden. Später hatten wir dann eine Securitasfirma mit der Bewachung des Zentrums beauftragt. Auch die Polizei nahm vermehrt Kontrollgänge vor. Es war eine harte, nervenaufreibende und kostspielige Angelegenheit, die »Szene« von dort wieder wegzuschaffen. Nun war ich also zum gemütlichen Flanieren in dieses Zentrum gekommen und wurde von unbeschreiblichem Lärm empfangen. Der Hauswart muss her, dachte ich sofort, um augenblicklich Ordnung zu schaffen! Aber der hatte heute frei, fiel mir ein. Dann musste ich ihn halt von zu Hause aufbieten, damit er herkommen und für Ordnung sorgen konnte. Aber dann ging es mir durch den Kopf, dass ja ich die Verwalterin war und eigentlich verpflichtet, mich solcher Probleme auch selber anzunehmen. So ging ich auf die Galerie. Eine Horde finster und wild dreinblickender, schwarzgekleideter Punker saß um ein Transistorradio, dem Corpus Delicti, herum. »Herr Jesus«, betete ich, »bitte hilf mir, mich ihnen mutig zu stellen. Es kommt mir zwar vor, als müsste ich in die Höhle des Löwen gehen. Aber du in mir bist stärker als diese alle zusammen. Denn du sagst in deinem Wort, dass der, der in mir ist, stärker ist als der, der in der Welt ist.« Eine Gelassenheit, ja geradezu eine Fröhlichkeit befiel mich bei diesem Gedanken. Und so schritt ich auf die Horde zu. Ich kniete mich zu den ums Radio Sitzenden nieder und sagte: »Bitte sind Sie so gut und stellen Sie das Radio leise!« Man hörte mich nicht. Ich sprach lauter. Man hörte mich noch immer nicht. Keiner regte sich. Sie schauten mich nur wie ausgehöhlt finster an. Ich war richtig aufgezogen mit einer fröhlichen Gelassenheit. Heiter rief ich in höchster Lautstärke: »Bitte stellen Sie das Radio leise!« Man schien es gehört zu haben. Langsam stand einer dieser Sitzenden auf und ging zu einem anderen hin, der etwas entfernt am Geländer der Galerie stand, offensichtlich der Boss. Schnell hatte sich um diesen ein Kreis gebildet. Der Bote schien meine Bitte vorzutragen. Wie auf Kommando richteten sich aller Blicke auf mich. Ich musste plötzlich laut lachen, denn ich stellte mir vor, wie oft die Schauspieler in Westernfilmen wohl ihren finsteren Blick üben mussten, wenn sie den »Stranger«, der in den Saloon eintrat, mit ihren finsteren, abweisenden Blicken einschüchtern sollten. So lächelte ich diesen Punkern fröhlich zu und nickte, um ihnen damit anzuzeigen, dass der vom Boten vorgebrachte

Wunsch noch immer galt. Sie musterten mich argwöhnisch. Wieder lächelte ich ihnen zu und machte mit Daumen und Zeigefinger eine Drehbewegung, damit anzeigend, sie sollten das Radio zurückdrehen. Die Horde drehte sich nun von mir ab und dem Boss zu. Er schien etwas zu sagen. Dann richteten sich wieder aller Blicke auf mich. Ich musste noch immer lächeln und nickte wieder mit dem Kopf. Dann kam der Bote langsam schlurfend zum Transistorradio zurück, wo ich stand, kniete sich nieder und stellte es ganz ab, nicht nur leiser. Welch herrliche Ruhe! »Das ist jetzt aber lieb von euch«, entfuhr es mir spontan. »Danke vielmal. Wisst ihr, ich verwalte dieses Zentrum und bin für Ordnung und Ruhe verantwortlich. Also nochmals vielen Dank!« »Schon gut!«, knurrte der Bote. Er schien ärgerlich zu sein, dass der Boss den Befehl gegeben hatte, das Radio abzustellen. Als ich von der Galerie herunterkam, staunten mich viele Augen an. Anscheinend hatte niemand gewagt, gegen diese Horde wegen des Lärms anzutreten. Ja, auch ich hätte es nicht gewagt ohne den, der in mir ist, Christus, und der stärker ist als der, der in der Welt ist.

Die Lehrtochter

Wie aber sollen sie glauben, wenn ihnen niemand predigt? Römer 10,14

Yvonne war die Tochter meiner Freundin und einstigen Schulkameradin. Ich kannte sie von klein auf. Jeden Mittwochabend traf ich mich mit ihrer Mutter zu einem Frauenklatsch. Dann kam der große Tag, an dem ich mein Leben Jesus Christus übereignete. Das änderte mein ganzes Leben, meinen ganzen Lebensstil grundlegend. Ein tiefer Friede und eine unbändige Freude waren die augenfälligsten Merkmale meines neuen Lebens. Wohl war ich schon immer eine Frohnatur gewesen, aber dieses Neue war irgendwie von anderer, besserer Qualität. Natürlich wollte ich meine neue Erkenntnis mit anderen teilen, ihnen davon erzählen. Da war mir diese Freundin am nächsten. Aber sie machte sich einen Spaß daraus, allem, was ich ihr von meinem neuen Glauben an Jesus Christus erzählte, zu widersprechen. Die Abende wurden von nun an ein regelrechtes Seilziehen. Sie versuchte, mich wieder ins alte Leben zurückzuziehen und ich versuchte, sie zu meinem neuen hinzuziehen. Wir waren anscheinend immer noch gleich stark wie zu Schulzeiten. So gaben wir den Kampf gegenseitig auf. Die gemeinsamen Mittwochabende wurden eingestellt. Eines Tages kam mir der Spruch in den Sinn: »Der Weg zur Mutter führt über die Tochter.« Das wär's! Wenn ihre Tochter zu mir in die kaufmännische Lehre käme, könnte sie sich bei mir vielleicht bekehren. Dann würde sie um dasselbe für ihre Mutter beten und Gott würde ihre Bitten erhören. Als dieser Gedanke sich in mir festigte, unterbreitete ich der Mutter meinen Vorschlag: »Yvonne könnte ja zuerst eine *Schnupperlehre* bei mir machen. Dann wird sie sehen, ob es ihr bei mir gefällt«, schlug ich ihr vor. Yvonne war von dem Vorschlag begeistert, bei mir eine kaufmännische Lehre zu absolvieren. Eine Schnupperlehre von zwei Wochen wurde vereinbart. Gleich vom ersten Tag an eignete ich mir eine Gewohnheit an. Ich wollte den Arbeitstag mit einer kurzen Andacht beginnen. Ich hatte nun Motivation, in meiner morgendlichen *Stillen Zeit* ein Wort der Bibel zu betrachten, das ich dann Yvonne weitergeben und erklären wollte. Ich war zwar selbst noch ein *Baby-Christ*. Aber immerhin konnte ich vergleichsweise den auf den Boden gefallenen Nuggi aufheben und dem kleinen Schwesterlein darreichen. So besorgte ich Yvonne eine Bibel und ließ sie jeweils die Bibelverse lesen, die ich mir für die Andacht ausgesucht hatte. Dann machte ich eine kleine Wortbetrachtung, so, wie ich es eben zu tun verstand. Danach betete ich zu Gott um Gelingen in den geschäftlichen Belangen und um seine Führung in den großen und kleinen Alltagsdingen. Das war meine tägliche Andacht mit Yvonne. Nach Ablauf der zwei Wochen sagte ich zu Yvonne: »Du hast jetzt einen kleinen Einblick in unseren Büroalltag nehmen können. Du weißt also, was dich erwartet, wenn du die Lehrstelle annimmst. Aber wisse, ein Ja von dir zur Lehrstelle ist auch ein Ja zur morgendlichen Andacht. Dafür würde ich dich vor Gott behaften. Also – wie lautet deine Antwort?« Ganz spontan, ohne einen Augenblick zu überlegen, sagte sie mit großer Begeisterung: »Frau Frei, ich nehme die Lehrstelle fürs Leben gern an. Auch die Andacht macht mir Freude.« So wurde Yvonne meine Lehrtochter. Jeden Morgen war die erste Handlung, dass wir die Bibel hervornahmen, ich Yvonne einen Bibeltext nannte, den ich ihr anfänglich in der Bibel zu suchen half, und den sie dann laut lesen musste. Ich wollte, dass sie die Gottesworte mit ihrem eigenen Mund aussprach. Dann erklärte ich ihr den gelesenen Text. Nach etwa drei Monaten, als ich wie gewohnt die Bibel zur Andacht hervornahm, tat Yvonne keine Regung. Sie saß einfach auf ihrem Stuhl, hielt die Hände über der Brust verschränkt und sah geradeaus vor sich hin. Ich wartete einen Moment, dachte, sie sei in irgendeinen Gedanken versunken. Nach einer Weile sagte ich leise: »Yvonne, die Bibel!« »Ich mag nicht mehr in der Bibel lesen. Ich bekomme Kopfweh davon!«, erwiderte sie. Ich war ganz perplex. »Ach, Yvonne, was sagst du da? Vom Bibellesen hat noch nie jemand Kopfweh bekommen. Bitte nimm die Bibel hervor. Ich bitte dich ganz fest«, sagte ich eindringlich zu ihr. »Sie dürfen mich nicht zum Bibellesen zwingen. Das verbietet das Lehrlingsamt.« »Mag sein, aber ich verlange es trotzdem von dir. Ich berufe mich auf dein Ja zu dieser Andacht, das du bei deinem Ja zur Lehrstelle vor mir und vor Gott gegeben hast. Deshalb ist dein Ja vor Gott höher als das Nein des Lehrlingsamtes. Und nun bitte ich dich nochmals ganz herzlich: Nimm deine Bibel hervor! Ich möchte jetzt die Andacht halten.« Ich zitterte innerlich. Was würde, wenn Yvonne die Bibel nicht hervornähme? Wenn ich nicht mehr Andacht mit ihr halten konnte? Dann hätte ich sie drei Jahre vergeblich bei mir. Ich brauchte eigentlich gar keine Lehrtochter. Ich wollte sie ausschließlich wegen der Andacht, dass sie Gottes Wort kennenlernen könnte. Sollte nun alles vergeblich gewesen sein? »Bitte, Herr Jesus, hilf uns!«, seufzte ich im Herzen. Da nahm Yvonne die Bibel hervor und las willig den Text, den ich ihr angab. Von da an ging ich jeden Tag mit besonderer Inbrunst an die Vorbereitung der Andacht. Betend beschritt ich jeweils den Arbeitsweg, Gott unentwegt anflehend, dass Yvonne bereit sein möge, die Andacht mit mir zu halten. Sechs Wochen später tat Yvonne wieder keine Anstalten, die Bibel aus der Schublade hervor zu nehmen. Herzklopfen überfiel mich. Was sollte ich tun, wenn sie Widerstand leistete? »Bitte, Yvonne, nimm die Bibel hervor«, flehte ich sie eindringlich an. »Nein! Sie dürfen mich nicht zwingen. Ich bin da, um etwas zu lernen und zu arbeiten. Ich will künftig arbeiten statt die Bibel zu lesen. Das ist wichtiger.« Was war nur in Yvonne gefahren, dass sie plötzlich wieder so widerspenstig tat? Könnte sie etwa von den Mitschülern in der Berufsschule aufgestachelt worden sein? Diese jungen Leute erzählen sich natürlich allerlei aus ihren Lehrbetrieben. Da hatte sie wohl erzählt, dass sie am Morgen immer eine Andacht mit ihrer Lehrmeisterin halten musste. Das weitere konnte man sich mit wenig Phantasie vorstellen, wie da die Schulkameraden auf sie eingeredet haben mochten, sich das ja nicht gefallen zu lassen. »Yvonne, bitte, nimm nicht den Kampf auf mit mir. Du weißt, ich behafte dich vor Gott an dein damaliges Ja zur Andacht. Und ich werde auf keinen Fall mit der Arbeit beginnen, ehe wir nicht Gottes Segen erbeten haben. An Gottes Segen ist alles gelegen! Also ist jede Arbeit, die du anstelle der Andacht tun willst, nichts nütze. Also nochmals, bitte nimm die Bibel hervor!« Zu meiner großen Erleichterung nahm sie die Bibel hervor und las den vorgegebenen Text. Ich dankte Gott inniglich dafür. Von da an ging ich noch inbrünstiger betend zur Arbeit. »Bitte, Herr, wirke Bereitschaft in Yvonnes Herz, die Andacht mit mir zu halten.« Einige Wochen später traf mich fast der Schlag, als Yvonne ins Büro kam. Wie sah sie nur aus! Die Haare hatte sie mit Pomadengelee hochgesteckt! Bekleidet war sie wie eine Rockerbraut mit einem Lederkostüm. Das Gesicht war stark geschminkt. »Jesus, hast du das gesehen? Was soll ich tun?«, flüsterte ich innerlich zu Gott. »Ignorieren!«, war die kurze Antwort Jesu in meinem Herzen. Ja, das wollte ich tun. Yvonne war ja sonst immer apart gekleidet. Gewiss war ihr selber gar nicht wohl in dieser Aufmachung. Sie will mich damit nur provozieren, freiwillig auf die Andacht zu verzichten, dachte ich. So ignorierte ich also ihr sonderbares Outfit, nahm die Bibel hervor, lächelte Yvonne freundlich zu und sagte ihr die Schriftstelle, die ich heute gerne drannehmen wollte. Zu meinem großen Erstaunen tat sie keinen Widerstand, sondern nahm die Bibel hervor und las willig den genannten Text. Am andern Tag kam Yvonne wieder in ihrer gewohnten Teenagerkleidung und mit normaler Haartracht ins Büro. Von da ab kam es nie mehr vor, dass Yvonne Kapriolen wegen der Andacht machte. Gott sein Dank! Ich hatte mir ursprünglich vorgenommen, künftig keine Lehrtochter mehr einzustellen. Doch dann kam mir der Gedanke an die biblische Königin Esther, als ihr Onkel Mardochai an sie schrieb: »Und wer weiß, ob du nicht gerade um einer solchen Gelegenheit willen zum Königtum gelangt bist?« (Esther 4,14b) Eigentlich war ich ja auch eine Königin Esther! Obwohl die Firma nicht mir gehörte, ließ mich auch der neue Direktor, Herr Karpf, wie eine Königin allein schalten und walten. Das war nicht selbstverständlich! Ich wusste ja nicht, wie lange ich noch in dieser Kaderposition sein durfte. Und plötzlich festigte sich ein Vorhaben in mir: Solange ich noch Königin war, wollte ich meine königlichen Privilegien ausschöpfen. Also wollte ich die Gelegenheit nochmals packen und wieder eine Lehrtochter unter meine Fittiche nehmen. Aber ein richtig schwieriger Fall musste es diesmal sein. Möglichst jemand aus zerrütteter Familie, mit vielen Problemen. Das würde mich herausfordern. Denn ich spürte mich in meiner Gebundenheit an Jesus Christus frei von jeglichem eigenen Gepäck. Ich hatte also beide Hände frei, um einen jungen Menschen zu tragen. Ich wollte der neuen Lehrtochter natürlich auch das Evangelium mit morgendlichen Andachten verkündigen! So meldete ich dem Lehrlingsamt, dass in unserer Firma noch eine kaufmännische Lehrstelle zu besetzen sei. Vielerorts hatte das neue Schuljahr schon begonnen. Dennoch lief von da ab das Telefon heiß. Viele junge

Menschen hatten noch keine Lehrstelle. So ließ ich zwei Mädchen, das eine am Morgen, das andere am Nachmittag zu einem Vorstellungsgespräch in mein Büro kommen. Beiden sagte ich von meinem Glauben an Jesus Christus, und dass ich jeweils am Morgen eine Bibelbetrachtung, eine Andacht, mit ihr machen würde. Beide bezeugten, dass sie die Lehrstelle gerne annehmen und an der Andacht auch Gefallen haben würden. Während den Gesprächen mit diesen beiden Mädchen war Yvonne dabei und hörte alles mit an, da sie ihren Arbeitsplatz in meinem Büro hatte. Am andern Tag war offiziell die Lehrzeit von Yvonne abgelaufen, der Arbeitsvertrag dauerte aber noch eine Woche länger. Nun hatte ich im Herzen folgenden Beschluss gefasst: Heute würde ich Yvonne sagen, dass sie die Andacht nicht mehr mitmachen müsse, wenn sie nicht wolle. Denn die offizielle Lehrzeit sei jetzt abgelaufen. Kaum war ich im Büro und wollte just meine vorbereiteten Worte aussprechen, als Yvonne mir zuvorkam und sagte: »Frau Frei, gestern, als diese Mädchen bei Ihnen waren und Sie ihnen das von der Andacht sagten, da habe ich immerzu vor mich hin gebetet und gewünscht, dass sie Ja sagen würden. Wissen Sie, Frau Frei, das waren drei ganz schöne Jahre bei Ihnen. Jeden Morgen habe ich mich auf die Andacht gefreut. Wie Sie mir das Wort Gottes immer so anschaulich und gut verständlich erklärt haben! Es hat mir immer so wohlgetan. Ich möchte Ihnen einmal ganz herzlich danken dafür!« Dann fuhr sie etwas verlegen fort: »Sie erinnern sich doch noch an damals, Sie wissen schon, als ich mich ein paarmal so dumm benahm? Ich war ja so froh, dass Sie mir damals nicht nachgegeben hatten. Ich wollte Sie nur herausfordern, wollte herausfinden, wie weit ich gehen kann. In der Schule haben sie mich auch immer aufgestachelt, ich solle Ihnen nicht gehorchen. Aber ich bin so froh, dass Sie stärker geblieben sind!«

Die provokativen Bilder

Wer sich zu mir bekennt, zu dem werde ich mich auch bekennen. Matthäus 10,32

»Bitte, verstehen Sie mich recht, Frau Frei«, sagte der Direktor, Dr. Jacques Engeli, freundlich, aber etwas verlegen, wie mir schien. Er hatte mich in sein Büro gebeten und nun saß ich ihm gegenüber. »Ich möchte Ihnen auf keinen Fall zu nahe treten. Ich schätze Sie sehr, das wissen Sie. Ich respektiere auch Ihren Glauben. Aber meinen Sie nicht, man sollte seinen Glauben für sich behalten, da drin?« Er tippte sich mit dem Zeigefinger auf die Brust. »Der Glaube ist doch Privatsache und gehört nicht an die Öffentlichkeit. Damit sollte man andere nicht belästigen.« Er räusperte sich verlegen und fuhr fort: »Immer wieder kommen Mitarbeiter zu mir und beschweren sich wegen Ihrer Bilder, die Sie in Ihrem Büro hängen haben. Sie sagen, sie seien provokativ. Könnten Sie nicht etwas Anderes aufhängen? Sie müssen doch zugeben, die passen nicht in ein Büro!« Einen Augenblick war ich wie gelähmt. Ich hatte nicht mit einem solchen Gespräch gerechnet, als mich Dr. Engeli in sein Büro bat und war somit auch nicht entsprechend vorbereitet. Ich war nun etwa ein halbes Jahr in dieser Firma Atag Ernst & Young. Mein vorheriger Arbeitgeber hatte seine Firma an diese verkauft und ich wurde dabei mitübernommen. Gleich am ersten Tag, als ich ins Büro einzog – es war ein Großraumbüro mit mehreren Arbeitsplätzen – fragte ich den Direktor, der mit mir den Begrüßungsrundgang machte und im Beisein des Personalchefs, ob ich wohl die Bilder in meinem Büroteil wegnehmen und eigene aufhängen dürfe? »Selbstverständlich dürfen Sie die Bilder aufhängen, die Ihnen gefallen. Da ist jeder ganz frei!«, antwortete der Direktor spontan und der Personalchef pflichtete ihm und mir bei: »Ja, da ist jeder ganz frei!« So hängte ich am andern Tag die alten Bilder ab und meine eigenen auf. Es waren Bilder mit Bibelversen oder Sinnsprüchen darauf. Und nun saß ich also vor dem Direktor und sollte Stellung beziehen. »Herr Jesus, bitte hilf mir! Was soll ich antworten? Bitte gib mir Weisheit, das Rechte zu sagen!« Es war ein Stoßseufzer, den ich zum Himmel schickte. Dann antwortete ich dem Direktor: »Provokativ, sagen Sie, sollen die Bilder sein? Das finde ich überhaupt nicht. Können Sie sich denn nicht vorstellen, dass gelegentlich mal jemand aus der Belegschaft des Nachts schlaflos im Bett liegt, weil ihn vielleicht eine Geschäftsnot plagt? Während er an der Not herumstudiert, könnte ihm doch in den Sinn kommen, dass er bei mir gelesen hat: ›Sag Jesus, was dich bedrückt.‹ Soll das provokativ sein? – Oder vielleicht ein anderer Mitarbeiter, der Familienprobleme hat und darüber den Schlaf nicht findet. Vielleicht erinnert der sich dann an eines meiner Poster: ›Jesus hört dein Flehen.‹ Sagen Sie mir bitte, was soll da provokativ sein?« »Halt, halt, halt!«, unterbrach mich der Direktor, streckte mir die Hände in Abwehrhaltung entgegen und sagte: »Sie dürfen mich jetzt nicht anpredigen! Ich möchte nur, dass die Bilder wegkommen und wieder Friede in die Firma einkehrt.« »Gut, Herr Direktor«, erwiderte ich, »ich werde die Bilder entfernen. Ich weiß, dass ein Christ aufgrund des Wortes Gottes der Obrigkeit untertan sein muss. Und so will ich Ihnen gehorchen. Aber nur unter der Bedingung, dass Sie mir den klaren Befehl erteilen, dass ich die Bilder wegnehmen muss. Oder andersrum gesagt: Dass sie mir verbieten, die Bilder weiterhin dort hängenzulassen. Wissen Sie, nur damit, dass Sie sagen, dass Sie es gerne möchten, ist mir ja noch kein Befehl oder Verbot erteilt. Das ist ja nur ein Wunsch von Ihnen. Und ich wünschte mir ja auch die Millionen der Rockefellers, und mein Wunsch ist denen noch lange nicht Befehl. Also, Herr Direktor – was befehlen Sie mir?« Das Herz klopfte mir zum Zerspringen. Sichtlich erschrocken, als ob er soeben den Befehl erhalten hätte, eine heiße Kartoffel aus dem Feuer zu ziehen, wehrte der Direktor ab:»Oh, nein, nein, Frau Frei! Sie dürfen mich nicht in die Enge treiben. Ich werde mich natürlich hüten, Ihnen die Wegnahme der Bilder zu befehlen. Nein, nein! Das würde ich schon nicht wagen!« – Er machte eine Pause, als überlegte er sich etwas und fuhr dann mit freundlichem Lächeln fort:»So, wie ich Sie kenne, werden Sie nun wohl die Bilder hängenlassen, nicht wahr?«»Ja, so ist es!«, antwortete ich.»Also gut«, entgegnete der Direktor,»dann lassen Sie die Bilder halt wo sie sind!« Und so ließ er mich wieder gehen. Wie sich später herausstellte, hatte nur gerade eine Person wegen der Bilder beim Direktor geklagt. Und dieser Mann hatte in seinem Büro lauter Bilder und Fotos von Pin Up Girls und nackten Frauen aufgehängt. Einige Wochen später sprach der Lehrling Mongkol zu mir:»Der Direktor hat Sie schon sehr gern!«»Ach, wie kommen Sie denn darauf«, fragte ich erstaunt.»Nun, wir Lehrlinge hatten kürzlich Fachunterricht bei ihm. Am Ende der Schulstunde sagte er zu uns: ›Und noch etwas! Dass ihr mir nur ja anständig seid zur Frau Frei. Das ist eine Frau, die Rückgrat hat!‹«

Der gefundene Parkwächter

Gott hilft ihr, wenn der Morgen anbricht. Psalm 46,6

Ich war verantwortlich, dass bis zur Eröffnung des neuen, untergeschossigen Parkhauses ein Parkwächter eingestellt war. Mehrere Inserate hatte ich schon publiziert und auch den einen oder anderen Bewerber zu einem Vorstellungsgespräch gehabt. Aber wenn immer sie hörten, dass ihre Tätigkeit den ganzen Tag »unterirdisch« sein würde, zogen sie ihre Bewerbung zurück. Es waren nur noch drei Wochen bis zur feierlichen Eröffnung des Parkhauses – und ich hatte noch immer keinen Parkwächter. Diese Not lag schwer auf mir, und ich brachte sie im Gebt immer wieder zu Gott. Wieder einmal erwachte ich nachts mit schwerem Herzen wegen dieser Sorge. Ich flehte Gott in inbrünstigem Beten um Hilfe an. Am darauffolgenden Morgen ging ich wie gewohnt zur Arbeit. Ich pflegte den relativ kurzen Arbeitsweg zu Fuß zu gehen, um mir etwas Bewegung zu verschaffen. Als ich aus dem Haus kam, war derart stürmisches, windiges Wetter, dass ich beschloss, den Bus zu nehmen. Ich wollte nicht mit zerzausten Haaren im Büro ankommen. Um die Busstation zu erreichen, musste man durch das nahegelegene Einkaufszentrum hindurchgehen. Es war morgens sieben Uhr und draußen noch dunkel – es war November. Als ich ins Einkaufszentrum eintrat, saß am Eingang auf einer Bank ein alter Mann. Irgendwie fiel mir das auf, denn die Zentrumsläden öffnen ja erst um neun Uhr. Was will ein alter Mann morgens um sieben Uhr im Einkaufszentrum?, ging es mir durch den Kopf. Das ist ungewöhnlich. Ich ging aber nicht weiter auf diesen Gedanken ein. Ich wollte ja auf den Bus. Um 7.15 Uhr war seine fahrplanmäßige Abfahrt. Ich war also noch zu früh. Plötzlich kam mir der Gedanke: Der alte Mann! Frag den, ob er unser Parkwächter sein möchte. Der scheint pensioniert zu sein und könnte vielleicht ganz gerne noch eine Beschäftigung wollen. Sofort drehte ich mich um und ging zurück. Der Mann saß noch auf der Bank. Ich ging auf ihn zu und fragte ihn verlegen: »Entschuldigen Sie. Ich suche einen Parkwächter für unser Parkhaus, das in drei Wochen in der Stadt eröffnet wird. Könnte es vielleicht sein, dass Sie daran interessiert wären?« Zu meiner großen Überraschung antwortete er ohne weiteres Überlegen und ohne eine Gemütsregung: »Parkwächter? Ja, ich nehme die Stelle!« Ich war sprachlos. Der stellte überhaupt keine Fragen, sagte nur ja, er nehme die Stelle. Ob der wohl normal war? Ob der mich überhaupt recht verstanden hatte? Es nahm doch niemand eine Arbeitsstelle an, ohne zuvor den Lohn und die sonstigen Bedingungen zu kennen! Da mir das Ganze sehr suspekt vorkam, wollte ich nicht gleich darauf eingehen. So sagte ich nur: »Bitte geben Sie mir Ihre Telefonnummer. Ich werde Sie dann anrufen. Ich muss jetzt auf den Bus.« Er gab mir seine Adresse. Er wohnte im gleichen Quartier wie ich. Ich hatte ihn zuvor aber noch nie gesehen, obwohl ich schon zehn Jahre dort wohnte. Irgendwie hatte sich in mir der Gedanke festgesetzt, der Mann sei »nicht ganz hundert« und also für den Posten eines Parkwächters nicht geeignet. Und doch: Könnte das Ganze vielleicht doch eine Hilfe Gottes gewesen sein? Zaghaft meldeten sich Hoffnungsgedanken in meinem Herzen. Aber sie wurden vom Zweifel jeweils augenblicklich weggescheucht. Ich war unentschlossen, wollte dem Mann vorderhand weder zu- noch absagen. Und da er, wie ich nun wusste, im gleichen Quartier wohnte wie ich, war ich von nun an vorsichtig, um ihm nur ja nicht zu begegnen und zu einer vorschnellen Entscheidung herausgefordert zu werden. Drei Tage später, als ich am Nachmittag zur Arbeit gehen wollte – ich hatte für kurze Zeit den Parkwächter vergessen – kam ich aus der Haustür – und lief dem Mann direkt in die Arme! Es gab kein Ausweichen mehr. »Oh, da sind Sie ja!«, rief er freudig. »Ich habe immer auf Ihren Telefonanruf gewartet. Sie hatten mir doch versprochen, mich wegen der Parkwächterstelle anzurufen. Wissen Sie, als ich es meiner Frau erzählte, war sie überglücklich. Denn sie muss in ihrem Alter immer noch putzen gehen, weil wir einen hohen Mietzins haben und uns die AHV-Rente nicht ausreicht. Ich war ja so glücklich, als Sie mich für diese Stelle anfragten. Ich habe nämlich früher auch schon als Parkwächter gearbeitet. Und wissen Sie, immer nur zu Hause herumsitzen, das mag ich einfach nicht. Der Tag ist mir viel zu lang.« Der war ja normal! Ich jubelte im Herzen. Es war also doch eine Führung Gottes gewesen, dass er mir diesen Parkwächter schenkte! Ich schloss sofort mit dem Mann einen Anstellungsvertrag ab. Und rechtzeitig auf die Eröffnung hin übernahm er freudevoll seine neue Aufgabe.

Der Brief

Fürchte dich nicht, ich helfe dir. Jesaja 41,13

»Ich habe allen meinen Treuhandkunden gesagt, dass sie sich im dringenden Notfall an Sie wenden sollen. Aber eigentlich sollte nichts passieren. Trotzdem, Sie wären dann also im Bild«, sprach Direktor Dr. Engeli am Vortag seiner Abreise in die Ferien zu mir. Es war verwunderlich, dass er nicht seine eigene Sekretärin mit der »Notfall-Stellvertretung« betreute. Denn ich hatte einen eigenen Verantwortungsbereich, die Liegenschaftsverwaltung. Zwei Tage später rief mich Dr. B. an, einer von des Direktors Kunden. »Ich habe die Briefkopie verlegt, die Sie mir kürzlich zugestellt haben. Könnten Sie mir bitte nochmals eine Kopie des Briefes vom 15. Juni zuschicken? Ich will sie an ein Büro in Zürich weiterleiten. Oder nein, es ist wohl einfacher, wenn Sie sie direkt dem Büro zustellen.« Er nannte die Adresse. »Und«, ergänzte er, »schicken Sie mir doch bitte auch nochmals eine Kopie, damit meine Akten wieder komplett sind.« »Das geht in Ordnung. Ich werde die Kopien sofort machen und Ihnen und dem Büro in Zürich noch heute zusenden«, antwortete ich und erledigte dies sogleich. Am andern Tag, kurz vor Büroschluss, kam ein Anruf von Dr. B., der mich in Schrecken versetzte: »Frau Frei, es ist etwas Furchtbares passiert! Sie haben den falschen Brief versandt, den vom 15. Juni, in dem alle Gewinnberechnungen aus diesem Geschäft enthalten sind. Ich hatte doch gesagt, den Brief vom 15. Juli. Das ist der mit den Raumberechnungen. Und nun hat das Büro in Zürich den

Brief mit den Gewinnberechnungen! Wissen Sie, was das bedeutet, wenn die nun unsere ganzen Gewinnzahlen in Händen haben?«, rief er entsetzt ins Telefon. »Die Firma in Zürich ist doch unsere Konkurrenz. Das wird denen ein gefundenes Fressen sein, alle diese Angaben schwarz auf weiß zu haben. Jetzt haben die uns in der Hand, können das Ganze an die große Glocke hängen und mein Name wird in die Öffentlichkeit gezogen. Ich bin ruiniert! Die machen uns jetzt bestimmt fertig!« Dr. B. war ganz verzweifelt. »Sie müssen sofort den Direktor kontaktieren, damit wir beraten können, wie wir mit dieser schlimmen Sache umgehen müssen!« Mir lief Gänsehaut über den Rücken und Schamröte ins Gesicht, so sehr traf mich diese Hiobsbotschaft. »Der Direktor ist auf einer Reisetour in Übersee, jeden Tag woanders. Ich kann ihn nicht erreichen«, sagte ich kleinlaut. Zu jener Zeit gab es noch keine Handys oder Internet. »Dann müssen wir sofort eine Krisensitzung einberufen. Ich werde morgen um acht Uhr in Ihrem Büro sein. Wir müssen uns etwas ausdenken, wie wir dieser Katastrophe begegnen.« Das Herz klopfte mir bis zum Hals. Ein tiefer Schrecken hatte mich befallen. Was hatte ich da für einen furchtbaren Schaden angerichtet?! 15. Juni – 15. Juli. Ich hatte dieses Datum falsch verstanden. Juni, Juli tönen so ähnlich, dass solch ein Missverständnis leicht eintreten kann. Und nun diese Katastrophe! Dr. B. war unser größter Kunde. Er hatte ein Millionengeschäft im Tun und wollte darin völlig anonym bleiben. Aus diesem Grund hatte er unser Treuhandbüro mit der Sache betraut, das gegen außen als Handelnder auftrat. Daher auch die jeweiligen Kopien all unserer Korrespondenzen in dieser Angelegenheit, damit er, der Auftraggeber, immer auf dem Laufenden war. Und nun hatte ich dieses ganze Millionengeschäft zunichtegemacht, und den Kunden würden wir natürlich auch verlieren! Eine lähmende Panik erfasste mich. Ich ging sofort heim und ins Bett, kroch unter die Decke und hoffte, zu sterben. Ich war von Angst und Verzweiflung gepackt, begleitet von einem Gefühl, das ich noch nie zuvor in meinem Leben hatte – als ob mich jemand am Hals würgte. Die Last lag bleischwer auf meinem Magen. Der Brief war nun also in den Händen der Konkurrenz. Man könnte sagen: Die hochgeheimen Angriffspläne der Alliierten sind versehentlich in das feindliche Hauptquartier geschickt worden! Schlimmer geht's nicht mehr! Und sie mussten dort unbedingt raus – aber wie? In die Büros einbrechen und sie entwenden war nicht möglich. Wenn Dr. B. die Briefkopie bereits bekommen hatte, so gewiss auch das Büro in Zürich. Sie wurden ja beide zur gleichen Zeit zur Post gebracht. Und selbst wenn der Brief in Zürich nicht schon heute angekommen war, dann ganz gewiss mit der Morgenpost. Speditiv und zuverlässig, wie die Schweizer Post nun mal war! Ich lag ganz verzweifelt und zusammengekauert unter der Bettdecke, die ich bis zum Kopf über mich gezogen hatte, innerlich völlig aufgewühlt, in Panik. Plötzlich verspürte ich ein Plätschern in meinem Inneren, wie das einer Quelle. Von tief unten kam es, als ob es sich über Geröll und Gestein durchbrechen müsste. Immer näher und intensiver kam es an die Oberfläche. Es waren Worte – nicht hörbar, aber spürbar: »Hab keine Angst. Das kommt gut heraus. Gott lässt dich nicht im Stich. Er hat dich noch nie im Stich gelassen!« Wieder und wieder tönten diese Worte in meinem Innern. Eine Ruhe überkam mich, ja eine Gelassenheit und Geborgenheit stieg in mir auf und verdrängte mehr und mehr Angst und Panik. Ich kroch unter meiner Bettdecke hervor. »Hab keine Angst. Das kommt gut heraus. Gott lässt dich nicht im Stich. Er hat dich noch nie im Stich gelassen!«, wiederholte die Stimme. Auf einmal kam mir David in den Sinn, als er dem Goliath zum Kampf entgegenging und sprach: *»Der Herr, der mich von den Löwen und Bären errettet hat, der wird mich auch erretten von diesem Philis-*

ter!« (1. Samuel 17,37) David hatte sich erinnert, wo ihm der Herr schon alles geholfen hatte. Und das bewirkte in ihm Vertrauen, dass ihn der Herr auch jetzt erretten werde und Mut, sich dem Kampf mit Goliath zu stellen. Löwen und Bären waren zweifellos todbringende Gefahren – aber Goliath war es noch viel mehr! So kamen auch in mir Erinnerungen auf über die vielen Durchhilfen, die mir Gott bisher schon geschenkt hatte. Und wieder sprach die Stimme: »Hab keine Angst. Das kommt gut heraus. Gott lässt dich nicht im Stich. Er hat dich noch nie im Stich gelassen!« Jetzt nahm dieser Zuspruch total Besitz von mir. Ich kam in eine unbändige Freude hinein, sodass ich in Lachen und Jauchzen ausbrach, in Anbetung und Jubel! Irgendwann schlief ich dann ein. Nach Mitternacht erwachte ich – mit demselben Würgegriff im Hals, derselben Panik und Verzweiflung wie Stunden zuvor! Die Realität hatte mich wieder eingeholt. Der Brief! Der Brief in den Händen des Feindes – das war die Realität! Und es war keinerlei Hoffnung auf Rettung! Nichts war mehr da von der vorher gehabten Zuversicht auf Hilfe und schon gar nichts mehr von der Freude! Wie weggeblasen war alles. Angst und Schrecken nahmen wieder Besitz von mir. Doch plötzlich war das leise innere Plätschern wieder da! »Hab keine Angst. Das kommt gut heraus. Gott lässt dich nicht im Stich. Er hat dich noch nie im Stich gelassen!« Wie zugeflüstert kam es mir entgegen. Immer stärker und lauter, und es wuchs in mir zu einem Strom von Wärme, Friede, Freude, Lachen und Jauchzen! Plötzlich kam ein Plan in mein Herz. Der Brief musste auf jeden Fall aus dem feindlichen Hauptquartier verschwinden! Wenn der Empfänger ihn auch schon in den Händen hatte, so wusste ich doch aus Erfahrung, dass man einen dreiseitigen Brief voller Zahlen meistens in einem ersten Durchgang nur oberflächlich überfliegt und zuerst die »kleine Post« erledigt. Meist geht man dann erst am nächsten oder übernächsten Tag daran, das

»Große« dranzunehmen. Und sollte der Empfänger ihn tatsächlich schon ganz durchgelesen haben, so wären ihm die Zahlen gewiss nicht intus geworden, und er könnte sie kaum alle noch in Erinnerung haben, wenn der Brief plötzlich verschwunden wäre. Der Plan, wie für diese Briefrettungsaktion vorzugehen war, lag wie ein Filmdrehbuch vor mir. Ich musste das Ganze geschickt angehen – und ich durfte dabei nicht lügen! Gott braucht keine Lügen, um seinen Kindern aus Gefahren herauszuhelfen. Aber klug und schlau, das durfte und musste ich sein! *»Seid klug wie die Schlangen und ohne Falsch wie die Tauben«* (Matthäus 10,16), oder: *»Die Kinder der Welt sind oft klüger als die Kinder des Lichts«* (Lukas 16,8) – sagt die Bibel. Aber, wie konnte man dem feindlichen Hauptquartier die ihnen versehentlich zugestellten, hochgeheimen Angriffspläne der Alliierten wieder aus den Händen nehmen? Nun, auf keinen Fall durfte der Feind wissen, welch wichtige Pläne da in seinem Besitz waren. Im Gegenteil, er sollte glauben, er hätte Makulatur, wertloses Zeug in Händen. So legte sich in mir ein Plan zurecht, der wie folgt ablaufen sollte: Ich musste die ganze Sache über die Telefonistin der Firma in Zürich abwickeln. Meistens hat diese keinen genauen Einblick in die Geschäfte oder kennt die Zusammenhänge nicht. Sie würde, auch wenn sie den Brief und die geheimen Zahlen vor sich hätte, nicht nachvollziehen können, von welchem Gehalt sie waren. Das hieß, ich musste sie für meine Sache gewinnen, ohne ihr das Gefühl zu geben, gegen ihren Chef zu handeln. Ich musste sie also dazu bringen, den Brief zu vernichten. Natürlich musste ich das Ganze selbstsicher tun. Es durfte kein Funke von Angst oder Unsicherheit von mir auf sie überspringen. Ich durfte nicht etwa sagen: »Ach seien Sie doch so freundlich und senden Sie mir den Brief vom 15. Juni zurück. Er ist Ihnen versehentlich zugestellt worden. Es sind sehr vertrauliche Informationen darin und ich bitte Sie, sie nicht zu lesen.« Es wäre ja klar, dass sie dann den Brief erst recht lesen und ihn nicht aus den Händen geben würde. Wie aber sollte es dann zugehen? Ich musste am Morgen punkt halb acht die Firma anrufen und nach dem Chef verlangen, in der Hoffnung natürlich, dass er noch nicht da war. Wenn man den Chef verlangt, hat das Ganze einen offiziellen Charakter, es hat nichts Heimliches an sich, nichts Suspektes! Da die Chefs meistens am Abend länger arbeiten, kommen sie in der Regel am Morgen nicht so früh ins Büro, weil ja auch immer erst der Posteingang bereitgestellt werden muss. So sollte ich dann sagen: »Guten Tag, hier spricht Frau Frei. Darf ich bitte Ihren Direktor sprechen?« Die Telefonistin würde dann antworten: »Tut mir leid, der ist noch nicht da.« Und ich würde dann sagen: »Ach, dürfte ich in diesem Fall die Sache Ihnen unterbreiten? Es handelt sich um Folgendes...« Das alles war himmlische Regieprobe. Über diesen Plänen schlief ich wieder ein. Am nächsten Morgen war ich punkt halb acht im Büro und wählte die Telefonnummer des Zürcher Büros. Das Sprechband meldete sich: »Unsere Büros sind geschlossen. Bitte rufen Sie während den Bürozeiten an. Diese sind von 07.30 Uhr bis...« Ich wiederholte meinen Anruf ununterbrochen. Es wurde fünf nach halb, zwanzig vor, viertel vor. Immer noch war das Sprechband zu hören. Angst stieg in mir auf. Es war inzwischen kurz vor acht. Um diese Zeit könnte der Chef vielleicht schon im Büro sein. Und wenn ich nach ihm verlangte und die Telefonistin sagen würde: »Einen Moment bitte, ich verbinde Sie«, dann wüsste ich gar nicht, was ich sagen sollte. Mein Plan beruhte einzig und allein darauf, dass der Chef noch nicht da war, wenn ich anrief. Ich versuchte es noch einmal – es war inzwischen acht Uhr. Endlich meldete sich die ersehnte, menschliche Stimme nicht mehr ab Sprechband. »Guten Tag, hier spricht Frau Frei. Darf ich bitte Ihren Direktor sprechen?«, sagte ich ruhig. Doch mein Herz klopfte zum Zerspringen. Was würde die Telefonistin antworten? »Tut mir leid, der kommt erst morgen wieder.« Mir fiel ein Stein vom Herzen! »Ach«, sagte ich, »dürfte ich in diesem Fall die Sache Ihnen sagen? Es ist so: Wir mussten Ihrem Direktor die Kopie eines Briefes vom 15. Juli zustellen mit allerlei Berechnungen. Nun stellten wir fest, dass wir ihm die Berechnungen vom 15. Juni zugestellt haben, die nicht die sind, die er haben wollte. Wenn er nun mit diesen Zahlen zu rechnen anfängt, muss er die Arbeit mit den richtigen Zahlen gleich nochmals machen. Dann hat er doppelte Arbeit. Der Brief sollte gestern bei Ihnen angekommen sein. Damit sich nicht noch ein anderes Missgeschick einschleicht, Sie wissen ja, wie schnell so etwas passiert, frage ich Sie, ob es möglich wäre, dass vielleicht Sie sich der Sache sofort annehmen und den Brief vernichten könnten. Ich werde noch heute den richtigen Brief abschicken, dann hat ihn Ihr Chef morgen.« Ich war selbst verwundert, wie ruhig ich diese Worte aussprechen konnte, obwohl ich innerlich zitterte. »Oh, das wäre ja schlimm!«, sagte die Telefonistin. »Er hat sowieso immer viel zu viel Arbeit. Und da möchte ich nicht, dass er noch etwas doppelt machen muss. Ich werde den Brief gleich holen und zerreißen. Ich muss die Post am Morgen jeweils verteilen, und ich erinnere mich an diesen Brief. Das geht also in Ordnung. Wir erwarten dann sofort den richtigen Brief.« Plötzlich befiel mich eine Angst, das Ganze könnte doch nicht klappen. Die Telefonistin könnte vielleicht nach meinem Anruf gleich einen anderen bekommen, dadurch abgelenkt werden und die Sache mit dem Brief vergessen. Daher sagte ich: »Ist es wohl frech von mir, Sie zu bitten, den Brief doch gleich zu holen, wenn das Büro nicht allzu weit von Ihnen weg ist? Wissen Sie, ich möchte mich doch nochmals vergewissern, ob wir tatsächlich vom gleichen Brief sprechen.« »Nein, das ist nicht frech«, antwortete die Telefonistin freundlich. »Das Büro ist gleich nebenan. Warten Sie einen Augenblick, ich hole den Brief.« Die Zeit schien mir verdächtig lang. Las sie vielleicht den Text durch und erkannte sie den Gehalt des Inhaltes eventuell doch? Das Blut stieg mir bei diesem Gedanken in den Kopf. Was würde sie sagen? »Sind Sie noch da, Frau Frei?« Auf mein Ja sagte sie freudig: »Ich habe ihn. Vom 15. Juni ist er datiert, drei Seiten – genau wie Sie gesagt haben. Also ich zerreiße ihn gleich. Der Chef hat ihn sowieso noch nicht gesehen. Er war gestern nicht im Büro. Dann ist die Sache also in Ordnung, nicht wahr? Und Sie schicken sofort den richtigen Brief. Vielen Dank noch, dass Sie uns dieses Missgeschick rechtzeitig gemeldet haben. Also, auf Wiederhören!« – »Auf Wiederhören und vielen Dank!« Ich konnte die Worte kaum mehr sprechen, sie waren eher ein Jubeln! Der Brief war vernichtet! Kaum hatte ich den Telefonhörer aufgelegt, klingelte es sogleich wieder. Es war die Rezeption, die meldete, dass Dr. B. hier sei und mich sprechen möchte. »Bitte schicken Sie ihn zu mir«, wies ich sie an. Ich hatte mich noch kaum der Freude hingeben können, als Dr. B. in mein Büro trat. Noch ehe er Guten Tag oder etwas Anderes sagen konnte, überfiel ich ihn mit den Worten: »Das Unglück ist abgewendet! Der Brief ist vernichtet!« Ich streckte ihm meine Hände entgegen in übersprudelnder Freude. Diese Freude sprang sofort auf Dr. B. über. Und bevor ich ihm sagen konnte, wie das Ganze vor sich gegangen war, erzählte er etwas in einer Schlichtheit und Freude, dass mir einen Augenblick der Atem stockte: »Ich habe erwartet, dass Sie das sagen würden! Meine Frau hat heute Nacht einen Traum gehabt. Sie hat ihn mir erzählt. Sie sagte, sie habe im Traum Frau Frei gesehen. Sie sei hüpfend auf sie zu gerannt, immerzu einen Brief hochschwenkend und rufend: ›Er ist nicht angekommen! Er ist nicht angekommen!‹ Meine Frau war überzeugt, dass das bedeutet, dass der Brief vernichtet ist. Sie hat mir richtig Mut gemacht, als sie mir diesen Traum erzählte. Ich konnte sowieso nicht schlafen, so sehr hat mir die ganze Sache zugesetzt und meiner Frau natürlich auch. Aber irgendwie habe ich ihr geglaubt. Und jetzt sagen Sie, der Brief sei vernichtet! Das ist ja wunderbar!« Und dann brach es aus uns heraus! Dann haben wir zwei, der distinguierte und durchsetzungsgewohnte Herr Doktor und ich zusammen herzhaft gelacht, vor lauter Entspannung und Freude. Einfach gelacht wie kleine Kinder. Jedem war eine Zentnerlast von der Seele gefallen. Dann erzählte ich Dr. B. das Telefongespräch und wie der Brief vernichtet wurde. Er war ganz bewegt und gerührt über meinen Bericht. »Sie sind eine Supergeschäftsfrau, wie Sie das hingekriegt haben! Ich möchte ihnen ein großes Kompliment machen. Sie sind super!«, schwärmte er. Ich sollte in dieser Sache super gewesen sein!? Als ob es mein Verdienst gewesen wäre. Nein, nein! Der rechte Helfer und Retter, Gott, musste zu Ehren kommen! Ihm gehörten alles Lob und aller Dank für diese Briefrettungsaktion. So erzählte ich Dr. B. die ganze »Nachtgeschichte« und das Reden Gottes, der mir den Plan eingegeben hatte und gelingen ließ. Dr. B. war tief bewegt – und liess sich bei späteren Gelegenheiten noch einiges mehr über Gottes Gnade und Barmherzigkeit erzählen.

Freund, rücke herauf!

Wer sich selbst erhöht. Lukas 14,11

Die Mitarbeiter trafen einer nach dem andern im Hotel Kreuz ein. Eine ungezwungene, heitere Atmosphäre machte sich breit. Es war auch Grund dazu. Die Belegschaft war zum alljährlichen Betriebsweihnachtsfest mit Festbankett eingeladen. Es war eine gemütliche und entspannte Stimmung, vermischt mit der Vorfreude auf einen kulinarischen Festschmaus. Mein erstes Weihnachtsfest in dieser Firma. Vor dem eigentlichen Festbankett, zu dem man im großen Festsaal aufwartete, wurde in der Hotellounge ein Apéro serviert. Ungezwungen und flatterhaft, mit einem Apéroglas in der einen und Apérogebäck in der anderen Hand, wurde leichte Konversation, Smalltalk, gehalten. Zum Fest waren auch die Ehegatten oder Partner der Mitarbeiter eingeladen worden. Zu meinem großen Erstaunen traf ich unter ihnen einen Bekannten aus früherer Zeit. Sicher zehn Jahre mochte ich ihn nicht mehr gesehen haben. Er war der Ehemann einer unserer Mitarbeiterinnen, mit der mich eine herzliche Kollegialität verband. Dass es sich bei ihrem Mann Noldi um denselben Mann handelte, den ich damals nur unter dem Vornamen Arnold kannte, hätte ich nie geahnt. So hatten wir uns in dieser herzlichen Wiedersehensfreude allerlei zu erzählen. Noldi, alias Arnold, war eben daran, mir über eine damalige gemeinsame Bekannte ein paar Familiennachrichten mitzuteilen, als zum Aufbruch in den Festsaal, zum Festbankett, aufgerufen wurde. Noldi wollte mir unbedingt die Story noch fertig erzählen, und ich wollte nicht unhöflich sein und ihn abrupt unterbrechen. Da er seinen Bericht sehr mit Details ausschmückte, zog er sich entsprechend in die Länge. Bald waren nur noch Noldi und ich in der Hotellounge. Endlich war er mit seinem Bericht zu Ende, und wir steuerten ebenfalls dem Festsaal zu. Es war Bankettbestuhlung mit runden Tischen à je acht Plätzen. Noldis Ehefrau, die schon ungeduldig nach ihrem Mann Ausschau hielt, winkte ihm von ihrem Platz aus zu, und er setzte sich neben sie. An diesem Tisch war kein Platz mehr frei für mich. Ich ging zum nächsten, aber der war auch schon voll besetzt. Und der nächste und die anderen auch. Nirgendwo war ein Platz für mich. Das wurde mir nun sehr peinlich. Offensichtlich hatte man sich bei der Platzreservation verzählt oder man hatte mich vergessen. Ja, vergessen hatte man mich, das musste es sein, dachte ich. Man mag mich wahrscheinlich nicht so sehr. Irgendwie bin ich eine Außenseiterin in der Firma, die »Fromme« halt. Es konnte mir ja nicht entgehen, wie die Kollegen und Kolleginnen häufig Feten, Ausflüge oder gesellige Beisammensein in Tanzlokalen oder Gaststätten abhielten. Denn über solches wurde ja jeweils am Tag danach in der Kaffeepause ausgiebig geredet. Man war zwar immer korrekt, freundlich und respektvoll zu mir, aber ich gehörte irgendwie nicht zu ihnen. Ich gehörte nicht zum »inneren Ring«, wie der Schriftsteller C.S. Lewis dieses Geheimnis des »Dazugehörens« in einem seiner Bücher trefflich analysiert und aufdeckt. Ein Weh kam in mein Herz. »Herr Jesus«, seufzte ich. »Du siehst, man hat mich einfach vergessen. So wenig bedeute ich ihnen. Aber wenn ich nur dich habe, dann begehre ich nicht Ehre bei den Menschen. Herr, ich preise und lobe dich!« Daraufhin beschloss ich, mich unauffällig zu entfernen und heimzugehen. Wenn man mich schon vergessen hatte, würde man mich auch nicht vermissen. Ach nein, heimgehen konnte ich ja gar nicht, ging es mir durch den Kopf. Was würde ich meinem Sohn sagen, wenn ich, noch ehe der Abend richtig begonnen hatte, schon wieder zu Hause wäre. Jünglinge seines Alters sind, wenn es um die Behandlung ihrer Mütter geht, sehr empfindlich. In irgendein Tea-Room konnte ich in meiner Festkleidung auch nicht gehen, das wäre zu auffällig. Wo sollte ich aber hingehen? Da kam mir Annemarie, eine liebe Freundin, in den Sinn. Ja, zu ihr wollte ich gehen, beschloss ich. So ging ich dem Ausgang zu und hatte schon die Türklinke in der Hand, als mein Name gerufen wurde. »Frau Frei! Frau Frei! Kommen Sie, hier ist Ihr Platz! Neben mir!« Ich drehte mich um in Richtung der Stimme. Es war Dr. Engeli, der Direktor. Er war aufgestanden und winkte mich zu sich her. Er schien nach mir Ausschau gehalten zu haben und hatte mich wohl soeben bei der Tür entdeckt. Einen Augenblick war ich wie benommen. Neben dem Direktor sollte mein Platz sein?! Diesen Tisch hatte ich schon gesehen, als ich nach einem Platz für mich Ausschau hielt. Dort war die Direktion und oberste Geschäftsleitung. Der Direktor war gerade in ein Gespräch mit dem Vizedirektor vertieft. Dort musste ich, so sagte ich mir vorhin, selbstverständlich meinen Platz nicht suchen. Und nun rief mich der Direktor an diesen Tisch! Während ich auf ihn zuging, kam mir das Jesuswort in den Sinn: *»Wenn du von jemandem zu einem Gastmahl geladen bist, so setze dich nicht an den obersten Platz; es könnte sonst ein Vornehmerer als du von ihm eingeladen sein und zu dir sagen: ›Mach diesem Platz!‹ Und du müsstest dann beschämt den untersten Platz einnehmen. Sondern, wenn du eingeladen bist, so geh und setze dich an den untersten Platz, damit, wenn der kommt, welcher dich eingeladen hat, zu dir sage: ›Freund, rücke weiter hinauf!‹ Dann wirst du Ehre haben vor allen deinen Tischgenossen. Denn jeder, der sich selbst erhöht, wird erniedrigt werden, und wer sich selbst erniedrigt, wird erhöht werden.«* (Lukas 14,11) Mit großer Herzlichkeit stellte mich der Direktor den Leuten an seinem Tisch vor und rückte mir dann in vollendeter Gentleman-Manier den Stuhl zum Sitzen an. Als ich mich von meiner großen Überraschung etwas erholt hatte und mich im Saal umschaute, bemerkte ich, dass aller Blicke auf mich gerichtet waren. Das Festmenü wurde serviert, und für eine Zeitlang war man allseits mit dem Gaumenschmaus und leichter Konversation beschäftigt. Dann, kurz vor dem Dessert, stand der Direktor auf, nahm ein Glas zur Hand und klingelte mit einem Kaffeelöffeli um Aufmerksamkeit, woraufhin es schnell ruhig wurde im Saal. »Liebe und geschätzte Mitarbeiterinnen und Mitarbeiter, sehr geehrte Damen und Herren!«, begann er seine Rede. »Es ist mir eine große Freude, dass wir wieder dieses Jahresabschlussfest miteinander feiern dürfen. Ich habe viel Grund, Ihnen zu danken.« Dann zählte er in herzlichen und ausführlichen Worten diese Gründe auf. Er gab seiner großen Wertschätzung gegenüber der gesamten Belegschaft Ausdruck. »Und nun kommen wir zum Höhepunkt des Abends.« Direktor Dr. Engeli schmunzelte in sichtlicher Vorfreude auf die Überraschung in den Saal hinein. »Wie Ihr alle wisst, haben wir zu Beginn dieses Jahres eine weitere Tochterfirma, die Firma Zoma AG, hinzugekauft und in unser Treuhand-Imperium Atag Ernst & Young eingebunden. Ich plaudere gewiss kein Geheimnis aus, wenn ich Ihnen sage, dass diese neue Tochterfirma eine wahre Goldgrube ist und wir es als einen großen Glücksfall betrachten, dass diese Geschäftsübernahme zustande gekommen ist.« Dann erläuterte der Direktor einige Einzelheiten des Geschäftsübernahmeprozederes und hob dann eine Lobrede an über eine Person, die mitgewirkt habe, dass die Zoma zu dem wurde, was sie sei. »Und so ist es mir eine große Ehre, heute diese Person, nämlich Frau Helen Frei, unsere große Wertschätzung und unser Vertrauen damit zu honorieren, dass wir ihr die Handlungsvollmacht unseres Unternehmens erteilen.« Ich war sprachlos! Hatte ich nicht eben meinen Namen gehört oder träumte ich etwa? Ich spürte, wie mir die Röte in den Kopf stieg. Aber schon streckten sich mir von überall Hände zur Gratulation entgegen. Keinen Augenblick hätte ich je an so etwas gedacht. Das war ja nun doch eine große Ehre. Ich war die erste Frau hier in der Firma, die nun die Handlungsvollmacht innehatte. Wohl hatte ich schon die Einzelprokura der Firma Zoma AG. Aber die Handlungsvollmacht dieses großen Konzerns mit seinen vielen Auslandsniederlassungen war ja doch von noch weit größerem betriebswirtschaftlichem Gewicht. »Freund, rücke herauf!«, war auf Jesu Wort an mir geschehen.

Die Ungebändigte

Auf dass die Werke des Teufels zerstört werden. 1. Johannes 3,8

»Du blöder Hund, kannst du eigentlich nicht aufpassen, wenn ich dir etwas sage!« Diese rohen Worte kamen von Mirjam, der Lehrtochter im dritten Lehrjahr, und galten Mongkol, dem Lehrling im zweiten Lehrjahr. Es war der erste Tag und die erste Stunde zu Beginn des neuen Lehrjahres. Es war üblich, dass die ersten zwei, drei Wochen der vorherige Lehrling den neuen Lehrling in die Arbeiten einführte. Mongkol war nun in die Abteilung von Frau Blaser und Mirjam in die Buchhaltungsabteilung versetzt. Aber eben diese ersten Tage musste sie ihrem Nachfolger die neuen Arbeitsabläufe zeigen und erklären. Mongkol war ein kambodschanischer Flüchtling. Ein anständiger, gehorsamer, williger Jüngling. Mirjam kam aus zerrütteter Familie, war wild, ungebärdig, ungehorsam, frech, aber überaus intelligent. Sie war auch bildhübsch und äußerst attraktiv. Und sie wusste ihre Attribute entsprechend spielen zu lassen. Ich hatte den leisen Verdacht, dass man nicht wagte, ihre Sympathien zu verscherzen, weil man ihre spitze Zunge fürchtete. Da war es wohl besser, sich gut mit ihr zu stellen. Sie hatte Mongkol soeben beauftragt, Briefkopien alphabetisch in den Korrespondenzordner abzulegen. Anscheinend hatte er den Brief Anton Maurer AG unter dem Buchstaben A abgelegt, statt unter M für Maurer. Das war Anlass für Mirjam, so furios gegen Mongkol anzutreten. Ich erwartete, dass Frau Blaser, eine warmherzige, liebenswürdige Frau, die kurz vor ihrer Pensionierung stand, einschreiten und Mirjam zurechtweisen würde. Aber sie reagierte nicht. Unser Büro war ein Großraumbüro, d. h. jeder hatte seinen eigenen Trakt. Aber dennoch sah und hörte man, wenn man seine Aufmerksamkeit darauf richtete, was im anderen Büroteil geschah. Dieses schrille Reden Mirjams hatte mich aufmerken lassen. Bald darauf kreischte sie erneut. »Du Hohlkopf! Taugst du denn gar nichts? Jetzt habe ich dir doch soeben gesagt, dass die Kopien unter dem Nachnamen und nicht unter dem Vornamen abgelegt sein müssen!« Ihre eigentlichen Schimpfworte aus dem Tier- und Fäkalienbereich, mit denen sie Mongkol bewarf, können hier nicht wiedergegeben werden. Mich schauderte! Nun wird Frau Blaser doch sicher eingreifen, erwartete ich. Aber stattdessen sagte sie: »Also, Mongkol, können Sie nicht besser aufpassen, wenn Mirjam Ihnen etwas sagt. Das wird mir ja heiter werden mit Ihnen, wenn Sie so schwer von Begriff sind!« Mir stockte der Atem. Nun gab also Frau Blaser Mirjam Flankenschutz, statt sich für Mongkol einzusetzen. So durfte man mit einem Lehrling doch nicht umgehen! Und augenblicklich kam in mein Herz, dass ich Mongkol verteidigen musste, wenn Frau Blaser, seine neue Vorgesetzte, es nicht tat. Es kamen mir sofort Worte in den Sinn, die ich zu Mirjam sprechen sollte. »Herr Jesus«, betete ich innerlich, »das wage ich nur zu tun, wenn ich absolut sicher bin, dass es von dir ist. Denn wenn diese Worte nicht von dir sind, wird mich Mirjam zerfleischen. Bitte, Herr, gib mir ein Zeichen, dass dieser Auftrag von dir ist. Darf ich mir als Zeichen erbitten, dass Mirjam noch viel lauter kreischt als vorher?« Einen Augenblick später tönte es wieder von Mirjam zu Mongkol, und zwar in geradezu hysterischer Lautstärke: »Mir löscht's ab! Mit so einem kann ich nicht zusammenarbeiten!« Den »so einen« umschrieb sie mit den ordinärsten und rohesten Schimpfworten. Wenn Frau Blaser jetzt nicht Einhalt gebietet, dann musste ich eingreifen!

Frau Blaser tat keinen Einwand. So stand ich auf, mein Herz bis zum Zerspringen klopfend, und ging auf Mirjam zu. Doch kurz vor ihrem Platz überkam mich eine unbändige Angst. So drehte ich mich um und ging unverrichteter Dinge wieder an meinen Platz zurück. Ich schämte mich über meine Feigheit. »Bitte, Herr, vergib mir meine Angst. Aber ich muss mich noch viel sicherer fühlen, dass mein Eingreifen auf deinen ausdrücklichen Befehl hin geschieht. Also lass mich bitte nochmals ein Zeichen erbitten: Wenn Mirjam noch lauter kreischt, was ich für unmöglich halte, dann will ich es als Zeichen von dir sehen.« Es mochte eine Minute vergangen sein, da überkam Mirjam ein richtiger Hysterie Anfall. Sie tobte wild, viel lauter als vorher. Die Schimpfworte, die sie Mongkol an den Kopf warf, können hier nicht wiedergegeben werden. Jetzt musste ich eingreifen! Ich stand auf und ging mutig auf Mirjam zu, um meine Proklamation auszusprechen. Doch sofort befiel mich wieder eine unsägliche Angst. Die würde mich zerfleischen, mit Worten, und ich dürfte nicht in gleicher Weise kontern. Ich hätte keine Chance gegen sie, überlegte ich mir. So drehte ich mich wie ein begossener Pudel um und ging wieder an meinen Platz zurück. Ich war wieder ganz beschämt über meine Feigheit. Kurze Zeit später gingen Mirjam und Frau Blaser aus dem Büro. Mongkol kam zu mir und sagte ganz niedergeschlagen: »Frau Frei, wenn Sie wüssten, wie Mirjam zu mir gewesen ist. Ich bin ganz durcheinander. Ich konnte ihr nichts recht machen. Immerzu hat sie mich angeschrien.« »Sie müssen gar nicht weiterreden, Mongkol, ich habe alles gehört«, unterbrach ich ihn. »Und ich kann Ihnen nur bekennen, dass ich Sie hätte verteidigen müssen und zu feige dazu war. Es tut mir sehr leid, und ich kann mich nur bei Ihnen entschuldigen. Aber das verspreche ich jetzt vor Ihnen und vor Gott: Wenn sich Mirjam wieder so unflätig Ihnen gegenüber benimmt, dann werde ich Sie verteidigen, so wahr mir Gott helfe!« »Ich habe, während Mirjam so furchtbar mit mir schimpfte, immer an Sie gedacht und das hat mir Mut gegeben, still zu bleiben. Ich spüre immer, dass Sie für mich beten.« Ich war sprachlos über Mongkols Worte. Ich hatte ihm nie gesagt, dass ich für ihn bete, obschon ich es wirklich tat. Eine Viertelstunde später kam Mirjam zurück. Jetzt würde ich Mut haben, denn jetzt war sie allein, hatte also nicht Frau Blaser als Rückenstütze. Aber gleich fiel diese Hoffnung wieder zusammen, denn Corina, die neue Lehrtochter im ersten Lehrjahr kam just hinter Mirjam her und setzte sich auf Frau Blasers Stuhl. Dann rief Mirjam laut: »So, Mongkol, mach, dass du herkommst! Aber dalli-dalli!« Ich nickte Mongkol ermutigend zu und er setzte sich wieder neben Mirjam. Kaum war er da, ging wieder ein teuflischer Fluchschwall von ihr auf Mongkol nieder. Nun stand ich auf, stieß ein Stoßgebet zu Gott und ging festen Schrittes auf Mirjam zu. Ich musste mein Versprechen, das ich Mongkol gegeben hatte, nun einlösen. Aber wie von sämtlichen Höllenmächten angegriffen, überfiel mich wieder eine panische Angst. Die wird mich zerfleischen! Jetzt hat sie ja wieder jemand an ihrer Seite, vor der sie sich in Szene setzen konnte. Angstvoll drehte ich mich um und wollte wieder unverrichteter Ding an meinen Platz zurückgehen. Da kam mir die biblische Königin Esther in den Sinn und wie ihr zumute gewesen sein musste, als sie entgegen des Königs Gebot ungebeten in den inneren Vorhof des Königspalastes eintrat. *»Komme ich um, so komme ich um!«*, waren ihre einzigen Gedanken (Esther 4,16). Und diese Gedanken sprangen auf mich über. »Komme ich um, so komme ich um!«, sagte ich ununterbrochen leise vor mich hin und drehte dabei, um mich genügend zu ermutigen, eine Acht zwischen Mirjams Arbeitsplatz und meinem. Aber irgendwie kam es mir eher vor, als ob mich jemand von meinem Platz wegschieben würde. Mirjam schien mich die ganze Zeit überhaupt nicht zu beachten, sie war ganz mit Mongkol beschäftigt. Doch dann kam ein Wagemut über mich und ich steuerte geradewegs vor Mirjam hin, streckte meine rechte Hand zur Proklamation hoch und sprach mit fester Stimme:»Du Geist der Rohheit, du Geist der Herrschsucht, du Geist der Lieblosigkeit! Ich gebiete dir, zu schweigen!« Und in sanftem Ton fuhr ich fort: »Hier proklamiere ich den Geist Jesu Christi, der da ist ein Geist der Freundlichkeit, ein Geist der Hilfsbereitschaft, ein Geist der Liebe! Amen.« Ich drehte mich um und ging wieder an meinen Platz zurück. Ich zitterte am ganzen Leib. Totenstille war rundum. Lange Zeit, wie mir schien. Dann kam Mirjam zu mir herüber, stand vor mich hin, ihre Hände in die Hüften gestemmt, und sprach in überaus sanftem Ton:»Ich bin aber nicht herzlos!« und ging wieder an ihren Platz zurück. Von da an redete Mirjam nur noch freundlich mit Mongkol, auch wenn sie sich zwischendurch mal vergaß und wieder eines der schnöden Schimpfworte herausplatzte. Aber kaum, dass sie es ausgesprochen hatte, schaute sie wie ertappt zu mir herüber und besänftigte sich wieder. Es kehrte spürbar ein friedsamer Geist in die ganze Abteilung ein. Diesem Ereignis unlängst vorausgegangen war folgende Begebenheit: Wie schon oft, machte ich nur eine kurze Mittagspause, weil ich noch dringende Arbeiten zu erledigen hatte. So kam ich etwas früher in mein Büro. Mirjam saß auf meinem Bürostuhl, die Beine in lässiger Haltung auf mein Pult aufgestützt. Die Putzfrau saß auf dem Empfangskorpus und baumelte mit den Beinen. Die beiden hielten einen Schwatz miteinander. Als ich in den Raum eintrat, stand die Putzfrau sofort auf. Mirjam tat keine Anstalten, meinen Platz zu verlassen. Ich grüßte beide, aber keine erwiderte meinen Gruß, d. h. Mirjam grüßte nicht, und so wagte auch die Putzfrau nicht, mich zurück zu grüßen. Eine für mich peinlich empfundene Stille lag im Raum. Was sollte ich sagen? Können Sie auch noch grüßen, oder etwas Ähnliches? Hämisch lächelnd blieb Mirjam auf meinem Bürostuhl sitzen, weiterhin die Beine auf meinem Pult und die Arme über der Brust verschränkt. Ich merkte, dass das Ganze eine Provokation sein sollte. Wohl nicht beabsichtigt, denn sie wusste ja nicht, dass ich so früh schon ins Büro kommen würde. Aber es widerstrebte wohl ihrem Naturell, in dieser peinlichen Situation als »Ertappte« zu erscheinen. Da hielt sie sich wohl lieber an das Motto: »Angriff ist die beste Verteidigung!« Da kam mir eine Predigt in den Sinn, die unser Pastor Richard Lehmann kürzlich gehalten hatte. Er führte darin folgenden Vergleich an: »Stellt euch mal einen Stierkampf vor. Da hält der Torero dem Stier ein rotes Tuch vor die Augen und schon lässt sich der Stier in Rage bringen und rennt darauf zu. Und jedes Mal, wenn er durch das rote Tuch hindurch rennt, stößt ihm der Torero einen Speer in den Nacken. Je mehr Speere in seinem Nacken stecken, je schwächer wird der Stier. Am Schluss ist er kampfunfähig. Und das ist dann der gefeierte Sieg des Toreros. Merkt ihr etwas bei diesem Vergleich? Genauso macht es Satan mit uns! Er ist wie der Torero. Er hält uns eine Provokation zur Sünde, ein rotes Tuch, vor Augen und will, dass wir hindurchrennen. Sowie wir das tun, also die Sünde tun, stößt er uns einen Speer der Anklage in den Nacken und das Schuldbewusstsein in unser Herz. Das lähmt uns dann mehr und mehr, sodass wir am Schluss gänzlich kampfunfähig und besiegt sind von der Sünde. Aber wenn der Stier etwas gescheiter wäre, würde er merken, dass er viel stärker ist als der Torero. Er könnte ihn mit seiner großen Kraft mit Leichtigkeit auf die Hörner nehmen und besiegen. Aber stattdessen lässt er sich immer wieder vom roten Tuch des Toreros reizen, bluffen und am Ende besiegen!« Diese Predigt also kam mir in den Sinn, als ich so vor diesen beiden Frauen stand. Und augenblicklich verstand ich: Mirjam wollte mir das rote Tuch vor Augen halten und mich dazu provozieren, hindurch zu rennen, mich zur Sünde zu reizen, einen Streit aufzuziehen, unbedachte Worte zu reden! Sie der Torero – ich der Stier! Wirklich? Ja! Aber ein gescheiter Stier, der weiß, wo seine Kraft ist. Der nun den Torero auf die Hörner nehmen wird! Und so trat ich vor Mirjam hin, hielt meine rechte Hand zur Proklamation hoch, blickte zum Himmel empor und sprach laut: »Jesus Christus, du Sohn Gottes! Ich rühme deine Kraft und Macht und Herrlichkeit. Du bist Sieger über Tod und Hölle! Dein sei alle Ehre! Amen.« Ich nahm meine Hand wieder herunter. Totenstille erfüllte den Raum. Mirjam schaute mich irritiert an, fand keine Worte – sie mit ihrem sonst lockeren Mundwerk. Dann stand sie auf und verließ wortlos mein Büro, die Putzfrau ebenso schweigsam hinter ihr her. Kurze Zeit später geschah dann die vorher beschriebene Episode mit Mongkol. Zur Ehre Gottes darf ich sagen, dass sich zwischen Mirjam und mir mit der Zeit eine respektvolle, ja nahezu herzliche zwischenmenschliche Beziehung entwickelt hat.

Das Ende der Karriere

Ich werde dich an den Ort bringen, den ich für dich bestimmt habe. 2. Mose 23,20

»Es wäre doch schön, wenn du auch mitkämst nach Hamburg«, redete mir Christine Fehlmann zu. Es ging um die Aglow-Europakonferenz, die vom 16. – 19.5.1985 in Hamburg stattfinden sollte. Ein großes Ereignis. Zwar hatte ich keine innere Verbindung zu Aglow, den weltweit bekannten, überkonfessionellen Frauentreffen. Ich hatte andere Aufgaben. Aber die Reise und die Geselligkeit lockten mich. So sagte ich meine Teilnahme zu. Nach den verschiedenen Referaten und Darbietungen fand am Samstagabend ein großes Dinner im Festsaal des Aglow-Konferenzgebäudes in Hamburg statt. Es war eine schöne und herzliche Gemeinschaft in festlichem Ambiente. Die Vorspeise war vorüber und die Hauptspeise wurde aufgetragen. Und wie es so ist: Der fröhliche Lärm der Tischgespräche verstummt, sobald das Essen auf den Tisch kommt! So war es auch jetzt relativ still. Plötzlich brach ich tief ergriffen in Tränen aus. Eine starke Erschütterung überkam mich. »Habe ich etwas Falsches gesagt?« – »Habe ich dich beleidigt?« – »Hast du Schmerzen?« fragten mich meine Tischnachbarinnen erschrocken. »Nein, nein!«, schluchzte ich, »das hat mit euch nichts zu tun. Lasst mich nur. Das geht schon wieder vorbei.« Ich konnte mich kaum beruhigen, so sehr war ich von diesem heftigen Weinen erschüttert. So etwas war mir bisher noch nie passiert. Ich, die ich doch sonst eine beherrschte Person war und mir eher auf die Zunge biss, als mich in der Öffentlichkeit gehenzulassen.

Doch nach einiger Zeit war die Erschütterung vorüber und ich war wieder ruhig und konnte die leckere Mahlzeit genüsslich zu Ende essen. Am anderen Morgen musste unsere Reisegruppe bereits um sieben Uhr die Konferenz und Hamburg verlassen, um die Heimfahrt in die Schweiz anzutreten. Ein Jahr später war ich zu Hause im Gebet. Es war mir, als betete ich nur an eine Wand. Ich hatte keine innere Verbindung zu Gott. Es schien alles kalt und teilnahmslos in meinem Inneren. Das war schon seit einiger Zeit so. Ich war ganz traurig darüber. »Bestimmt habe ich die erste Liebe zu Jesus verloren«, dachte ich erschrocken. »*Aber ich habe gegen dich, dass du die erste Liebe verlassen hast*«, sagt Gottes Wort in Offenbarung 2,4. Ich weinte bitterlich darüber. Wie hatte es nur so weit kommen können? Wann hatte ich überhaupt die Liebe Jesu das letzte Mal so richtig gespürt? – In Hamburg! ging es mir plötzlich durch den Sinn. Ja, da war ich mir der Nähe Jesu ganz spürbar bewusst! Sofort holte ich die Predigtkassetten hervor, die ich vor einem Jahr an der Aglow-Konferenz in Hamburg bestellt hatte. Ich hatte sie mir in der Zwischenzeit nie angehört. Doch jetzt wollte ich mich wieder in jene Atmosphäre zurückversetzen, die ich damals als eine besondere Nähe zu Jesus empfunden hatte. So nahm ich wahllos eine Kassette aus dem Set. Es war jene vom Sonntagmorgengottesdienst. Gleich zu Beginn sagte die Rednerin, sie hätte gestern Abend während des Dinners eine Geistesbotschaft durch Beth Alves erhalten. Da es eine so außergewöhnlich schöne Weissagung gewesen sei, hätte sie beschlossen, sie erst am Konferenzabschlussgottesdienst, so quasi als Höhepunkt, bekanntzugeben. Dann las die Rednerin die Prophetie vor: »*Mein geliebtes Kind! Heute, an diesem Tag, habe ich dich an einen höheren Ort berufen. Baue nicht dein Zelt dort auf, wo du gerade bist. Die Wolke meiner Herrlichkeit bewegt sich zu einem höheren Ort. Komm mit mir herauf. Ich werde dich an einen Ort bringen, wo du ständig in Be-*

wegung sein wirst, weil du diesen höheren Ort suchen wirst und damit meine Herrlichkeit. Der Weg dahin wird lange sein. Und dieser Weg wird ein Weg sein, den du zuvor noch nie gegangen bist. Und es wird sehr viel von dir verlangt. Du wirst dabei müde werden, aber du sollst ausruhen bei mir. Du wirst von meinem Brot essen, und ich werde alle deine Nöte stillen. Ich biete dir das an, aber du musst es annehmen. Ich berufe dich, mit mir zu kommen in meine Kammer, wo ich mit dir reden werde. Dort werde ich dir die Geheimnisse meines Herzens offenbaren. Ich bitte dich, komm! Ich öffne die Tür. Ich werde dort mit dir essen. Und ich werde dich in den Wandel der Heiligkeit hineinführen. Folge mir nach in Gerechtigkeit, Heiligkeit und Gehorsam. Bete an und lobe mich. Du kannst wandeln wie eine Deborah in göttlicher Leiterschaft. Du kannst die Frau am Brunnen sein und die gute Nachricht weitersagen. Du kannst wandeln wie Esther in Gehorsam und in Selbstaufgabe. Du kannst wandeln wie Maria, die sich vor mir verneigt und zu meinen Füßen gesessen hat. Du kannst eine Mirjam sein und vor mir tanzen mit einem Tamburin. Du kannst sein wie Ruth, die ihre alten Wege aufgegeben hat und neue Wege gegangen ist mit mir, ihrem Bräutigam. Ich biete es dir an. Komm und folge mir. Folge mir so, wie eine Braut auf ihren Bräutigam schaut und ihm folgt. Ich liebe dich und ich brauche dich. Ich komme bald!« Ich war erschüttert und weinte hemmungslos. Es geschah wieder das Gleiche mit mir wie vor einem Jahr in Hamburg. Eine Ergriffenheit bemächtigte sich meiner wie damals. Und augenblicklich wusste ich: Das heutige Hören der Geistesbotschaft und das damalige Erschüttertsein gehörten zusammen. Wie eine Geige und der Geigenbogen. Wie ein Schlüssel und das Schlüsselloch. Wie eine Steckdose und der Stecker. Mein Geist hatte damals beim Festbankett diese Geistesbotschaft wahrgenommen, aber meine Sinne, das heißt mein Ohr konnte es nicht hören, weil es ja nicht hörbar ausgesprochen wurde. Ich hatte also von Gott eine Berufung bekommen, er werde mich an einen anderen Ort führen. So war ich von nun an wie ein Rennpferd in der Startbox – immer auf Sprungbereitschaft! Gott wollte mich ja woanders hinführen. Aber wohin? Gewiss nach Amerika! Oder sonst wo in die große, weite Welt hinaus. Das würde mein Herz begehren! Doch ein weiteres Jahr zog übers Land, und ich war immer noch an meinem Ort. Sicher hatte mir Gott schon lange einen anderen Weg gezeigt, und ich hatte es nicht bemerkt, dachte ich ängstlich. »Bitte, Herr Jesus, betete ich inbrünstig, »lass es mich ganz klar wissen, wann und wohin du mich führen willst. Ich merke es sonst nicht.« Da redete das Wort Gottes zu mir durch 2. Mose 23,20: »*Siehe, ich sende einen Engel vor dir her, dass er dich unterwegs behüte und dich an den Ort bringe, den ich für dich bestimmt habe.*« Ich atmete auf! Ich hatte also seine Wegführung nicht verpasst. Sie stand mir noch bevor. Als ich aber nach einem zweiten, ja dritten, vierten und sogar fünften Jahr noch immer am selben Platz war, fürchtete ich ernstlich, ich könnte Gottes Stimme überhört und seine Führung doch verpasst haben. Zwar hatte mir Gott zwischendurch, so etwa jährlich einmal, einen ganz klaren Zuspruch gegeben. Das eine Mal mit 2. Mose 29-30: »*Ich will sie aber nicht in einem einzigen Jahr vor dir herjagen, sonst würde das Land zur Einöde und die wilden Tiere dir zum Schaden zu zahlreich werden. Nein, ich will sie nach und nach vor dir vertreiben, bis du selbst so fruchtbar und zahlreich geworden bist, dass du das ganze Land in Besitz nehmen kannst.*« Aha, nicht in einem einzigen Jahr, sondern nach und nach …! Dann Jesaja 52,12: »*Denn nicht in Hast sollt ihr ausziehen und nicht fluchtartig loswandern. Denn der Herr zieht ja vor euch her. Der Gott Israels ist eure Nachhut.*« Aha, nicht in Hast und nicht in Eile …! Und dann war es Psalm 37,5: »*Befiehl dem Herrn deine Wege und hoffe auf ihn. Er wird's wohl machen.*« Fünf Jahre waren so vergangen, seit ich die Botschaft der Wegführung gehört hatte. Aber eigentlich waren es sechs, denn ein Jahr lang hatte ich sie ja nicht gekannt. Dann kam jener unvergessliche Sonntag-morgengottesdienst. Zu Beginn verlas der Gemeindemitarbeiter die wichtigsten Veranstaltungen aus dem Wochenprogramm und schloss, indem er seine Notizen zusammenbündelte, emotionslos mit den Worten: »…und am Samstagmorgen wie üblich Früh-gebetsstunde um sechs Uhr. Jakob Zopfi in Emmetten sucht eine Sekretärin. Und nun dürfen wir Pastor Lehmann mit der Verkün-digung des Wortes Gottes hören.« Ich war wie vom Blitz getroffen! Was hatte der gesagt? Jakob Zopfi, der Vorsitzende der Schweize-rischen Pfingstmission, die ihren Sitz im Hotel Seeblick in Emmet-ten hat, sucht eine Sekretärin? Das ging mich an! Augenblicklich wusste ich: Das ist's! Dahin will Gott mich führen. Ja, genau, ich bin's, die er braucht! Eine unbändige Freude überkam mich. Wie heißt es im Lukas-Evangelium 1,41: »*Da hüpfte das Kind in ihrem Leib, als Elisabeth den Gruß der Maria hörte.*« Ja, so ging es mir. Die Freude hüpfte buchstäblich in mir. Aber dann dachte ich: »Halt! Habe ich nun fünf Jahre auf diesen Ruf gewartet, so schieße ich jetzt auch nicht drein. Ich warte noch zwei, drei Wochen, bis ich mich bei Jakob Zopfi melde.« Und noch ein anderes Wort ging mir durch den Kopf: »*Und dieses kann das Land nicht ertragen: Eine Verschmähte, wenn sie geehelicht wird.*« (Sprüche 30,21+23). Sollte ich mich also wie ein verschmähtes Weib auf die erstbeste Stelle stürzen? O nein! Das kam nicht in Frage! Schließlich musste ich absolut sicher sein, ob es wirklich Emmetten ist, das ja nur gerade eine Autostunde von meinem Orte entfernt lag. Hatte ich nicht mit Amerika oder sonst irgendeinem Land in der großen, wei-ten Welt gerechnet? Und jetzt sollte es bloß Emmetten sein? So wartete ich also drei Wochen, bis ich Jakob Zopfi telefonierte und fragte, ob die Sekretärinnenstelle noch frei sei. Sie war es. Nach einem Vorstellungsgespräch, wo mir zugesichert wurde, dass ich genau die Person für den Posten einer Sekretärin sei, die man von Gott erbeten habe, bedingte ich mir noch weitere zehn Tage Bedenkzeit aus. Ich wollte hundertprozentig sicher sein, dass das der mir von Gott zugewiesene Platz war. Auch kam mir meine ungebrochene Freude langsam suspekt vor. Hatte ich nicht schon oft gehört, dass Menschen vor großen Entscheidungen Anfechtungen und Verunsicherungen erlebten? Und ich hatte nur Freude, unbändige Freude! So bat ich Gott in den kommenden zehn Tagen ununterbrochen um ein Signal von seiner Seite. Ich bat ihn, mir alle Nachteile dieses Schrittes aufzuzeigen. Ich wollte keine rosarote Brille aufhaben und alles nur positiv sehen. Wohl war ich mir im Klaren darüber, dass ich meine schöne große Wohnung auflösen, meine Familie und Freunde und vor allem meine geliebte Christengemeinde verlassen müsste. Und dass ich natürlich auch meinen großen Lohn und die Selbstständigkeit meines beruflichen Wirkens nicht mehr haben würde. Aber das war es mir alles wert, wenn ich nur im Willen des Planes Gottes sein dürfte. Als am Abend vor der Entscheidung meine Freude noch immer nicht gewichen war, schrie ich zu Gott, mir jetzt ein ganz klares Nein zu geben, wenn es tatsächlich nicht Emmetten sein sollte. Doch da kam stattdessen folgendes Gotteswort in mein Herz: »*Darum iss dein Brot mit Freuden und trink deinen Wein mit fröhlichem Herzen, denn schon längst sagt Gott ja zu deinem Tun. Trage allezeit weiße Kleider und lass deinem Haupt die Salbe nicht entgehen.*« (Prediger 9,7-9). Im Hotel Seeblick gibt es nicht nur Brot, sondern auch Wein! kombinierte ich. Auch wird dort auf ein gepflegtes Äußeres Wert gelegt. Und hatte die damalige Prophetie nicht gelautet: »Ich habe dich an einen höheren Ort berufen«? Emmetten liegt ja wirklich ziemlich hoch über dem Vierwaldstättersee! Also war es tatsächlich Emmetten! Aber auch diese Erklärung könnte ich mir schließlich selbst in meinem Herzen zurechtgelegt haben! So betete ich: »Herr Jesus, ich weiß, dass ich morgen Nein sagen darf.

Es ist mir noch immer nichts Negatives vor Augen, dass ich diesen Schritt nicht tun sollte. Doch was wird geschehen, wenn ich es erst im Nachhinein merken werde und ich dann nicht mehr zurückkann? Bitte, lass mich doch auch das Negative jetzt noch sehen!« Da gab mir Gott ein Bild in meinem Inneren. Da war eine Leiter, die an eine Mauer angelehnt war. Oben auf der Leiter stand ich und blickte umher. Es war ein wunderschöner Ausblick. Am Fuße der Leiter war Gott, in der Person eines Vaters. Der sprach ganz lieb, aber bestimmt zu mir: »Helen, komm herunter!« Da war kein Versprechen dabei, etwa: »Du bekommst dann Schokolade«, oder so! Nein, nur einfach: »Komm herunter!« Ich war wie vom Blitz getroffen. Ich sollte herunterkommen? Wo es hier oben doch so schön war! Plötzlich wusste ich: Das war meine Karriereleiter. Und es war wirklich eine wunderschöne Aussicht hier oben! Sollte ich tun, als hätte ich des Vaters Ruf nicht gehört, ihn einfach ignorieren? Wenn man nichts gehört hat, ist man bei einer Befehlsverweigerung ja auch nicht des Ungehorsams schuldig, dachte ich listig. Während ich mir noch überlegte, ob ich einfach tun sollte, als ob ich des Vaters Ruf nicht gehört hätte, sah ich ein anderes Bild in meinem Bild. Ich sah dieselbe Leiter an derselben Mauer. Oben auf der Leiter war mein Kind. Am Fuße der Leiter stand ich, seine Mutter. Ich sprach in derselben lieben, aber bestimmten Tonart: »Philip, komm herunter!« – Und nun sah ich zu meinem großen Erstaunen direkt in Philips Gedanken hinein. Er dachte dasselbe, was ich gedacht hatte, nämlich: »Soll ich ihren Ruf einfach ignorieren und tun, als hätte ich nichts gehört? Denn dieser Platz ist wunderschön!« Er hatte dieselbe Empfindung, wie ich sie hatte und wie man sie eben hat, wenn man beim Lesen eines spannenden Buches plötzlich vom Ruf der Mutter: »Komm! Trag schnell den Mülleimer raus!«, in seiner Versunkenheit gestört wird. Es schmerzte mich, dass mein Bub in seinen Gedanken in

Betracht zog, mich zu täuschen und zu tun, als hätte er mich nicht gehört. Da sah ich mich plötzlich wieder im ersten Bild auf der Leiter oben stehend, und den Vater am Fuße der Leiter zu mir hochblickend. Da verspürte ich ein heißes Verlangen, dem Vater die Antwort zu geben, die ich gerne von meinem Kind hören würde. Und so sagte ich: »Ja, ich komme!« Am anderen Tag erhielt Jakob Zopfi einen Telefonanruf mit meiner Antwort: »Ja, ich komme!«

Der große Tag

Offenbarung 21,5

»Wenn sie nur mal schweigen würde, dann könnte ich ihr endlich den neuesten Witz erzählen«, dachte ich unentwegt, während ich meiner Cousine gegenübersaß. Das ernste Gespräch, das sie führte, war mir unbehaglich. Über Gott redete sie. Aber irgendwie verstand ich nicht so recht, was sie mir eigentlich sagen wollte. Aber es schien mir unschicklich, das Thema allzu abrupt zu unterbrechen und in die entgegengesetzte Richtung, auf etwas Heiteres, Fröhliches, hinüberzuwechseln. Es war nun schon das dritte Jahr, dass Trudi so eine ganz andere geworden war. Ich empfand es gar nicht mehr schön, wenn wir zusammen waren. Eben, weil sie jedes Mal über diese mir unverständlichen Dinge sprach. Deshalb hatte ich die gegenseitigen Besuche auf ein absolutes Minimum reduziert. Auf Geburtstage, Ostern und Weihnachten. Am liebsten hätte ich auch diese Besuche wegfallen lassen. Aber das ging aus Anstandsgründen nicht. Ich war nämlich die Taufpatin ihrer Tochter und sie war die Taufpatin meines Sohnes. Und immer bei den Geburtstagsbesuchen lud mich Trudi zu einer gerade irgendwo in der näheren Umgebung stattfindenden Zeltversammlung ein. Ich lehnte jedes Mal ab. Doch dann kam der große Tag, der eine grundlegende Wende in mein Leben brachte. *Eigentlich hätte die Geschichte dieses großen Tages an den Anfang dieses Buches gehört. Denn alle vorstehenden Ereignisse sind danach geschehen …* Wieder also war der Geburtstag meines Sohnes, sein elfter. Und wieder sprach seine Patin zu mir: »Komm doch mal mit ins Zelt. Hör dir das Ganze doch einfach mal an und urteile dann selbst.« »Ich will es mir überlegen. Vielleicht. Vielleicht auch nicht!«, war wiederum meine nichtssagende Antwort. Doch dann entschloss ich mich, einmal hinzugehen. Und zwar nur, damit ich künftig, wenn mich Trudi wieder einladen wollte, mit Überzeugung ablehnen könnte: »Ich habe es jetzt gesehen. Ich war mal da. Und jetzt lass mich bitte damit in Ruhe. Das Ganze interessiert mich nicht!« Mit dieser Absicht fuhr ich in die Ortschaft, wo das Zelt aufgestellt war. »Jesus liebt dich«, stand in großen Lettern darüber. Wie ein Zirkuszelt sah es aus, am Boden angenehm duftende Holzspäne. Klappstühle waren im Halbrund aufgestellt. Der Raum war erfüllt mit gemütlich-fröhlichem Stimmengewirr der anwesenden Leute. Sie schienen sich alle zu kennen und miteinander familiär verbunden zu sein. Lieder wurden angestimmt, schöne, lieblich-wohltuende Lieder, die mir gefielen. Lieder über Jesus Christus. Hände wurden emporgehoben, was mir allerdings ein bisschen peinlich war. Dann wurde der Liederkranz beendet und ein Mann gab einige Informationen über dies und jenes. Danach sang ein kleiner Chor ein wunderschönes Lied: »Zehntausend Engel konnt' er rufen, um ihn zu befrei'n. Doch er starb allein, für dich und mich ...« Es bemächtigte sich meiner eine seltsame Rührung. Ich musste mich beherrschen, jetzt nur ja nicht zu weinen! Dann trat der Evangelist Richard Krüger vom Theologischen Seminar Beröa, D-Erzhausen, ans Rednerpult und las aus der Bibel vor: »*Wenn der Hausherr aufgestanden ist und die Tür verschlossen hat, und ihr anfangt, draußen zu stehen und an die Tür zu klopfen und zu sagen: ›Herr, tu uns auf!‹, dann wird er antworten und zu euch sagen: ›Ich kenne euch nicht! Wo seid ihr her? Weicht alle von mir, ihr Übeltäter!‹*« Wie ein Pfeil traf es mich mitten ins Herz. Wie von einer Furie gepackt, sträubte sich mein ganzes Inneres gegen diese unerhörte Unterstellung, Gott werde, ja wolle mich nicht kennen! Mich, ausgerechnet mich! Das war mir meiner Lebtage noch nicht passiert, dass mich jemand nicht mochte oder mich offen ablehnte. Ich hatte mich immer geliebt gefühlt, war ich doch während meiner Kindheit der Augenstern meines Vaters, und als er sehr jung starb, die innig Vertraute meiner Mutter. Und was meine Geschwister über mich dachten, ich war die Mittlere von fünf Kindern, darüber hatte ich mir nie den Kopf zerbrochen. Ich hatte sowieso immer irgendwie den Ton bei ihnen angegeben. Denn wie das bei kleineren und größeren Leithammeln so ist: Sie haben ein recht ausgeprägtes Selbstwertgefühl. Dass man mich nicht lieben könnte, dafür sah ich mit meiner ganzen Vorstellungskraft nicht den geringsten Anlass. Und nun kam dieser hergelaufene Sprücheklopfer und rief mir zu, dass Gott, der absolut Höchste und Maßgeblichste, mich dereinst wegstoßen und nicht zur Kenntnis nehmen würde: »Weiche von mir, du Übeltäter!« Zu mir würde Gott das sagen! Zu mir!!! Der Abend war mir richtig verdorben. Hatte ich nicht schon immer zu Recht meine Gründe gehabt, nicht in diese Zeltversammlungen zu gehen? Die würde mir aber drankommen, meine Cousine! Der würde ich meine Meinung sagen! Die musste mich kein weiteres Mal mehr einladen! Alles kochte in mir. Ärgerlich, mehr noch, wutentbrannt ging ich nach dieser Zeltevangelisation nach Hause. Auf der Heimfahrt fasste ich den Entschluss, einen geharnischten Leserbrief in die Tageszeitung zu setzen. Ich wollte, ja ich musste die Leute warnen vor diesen Aufhetzern! »Weiche von mir, du Übeltäter. Ich kenne dich nicht!« Ich sah förmlich Gottes wegstoßende Hand gegen mich gerichtet. Ich versuchte unentwegt, dieses Bild vor meinem inneren Auge wegzuscheuchen wie man eine Fliege wegscheucht, die einem immer ums Gesicht herumschwirrt. Und seltsam: Irgendwie fühlte ich mich auch nicht allen im Auto! Ich schaute während des Fahrens nach hinten, ob sich jemand heimlich auf den Rücksitz geschlichen habe. Aber da war niemand. Und doch spürte ich irgendeine Gegenwart. Ich hielt am Straßenrand an, stellte den Motor ab und stieg aus dem Auto, schaute unter den Vorder- und Hintersitzen, ja sogar im Kofferraum nach – aber es war niemand da! Zu Hause angekommen, ging ich zunächst mit meinem Hund »Gassi«. Danach suchte ich nach der Kinderbibel, die Trudi ihrem Patenkind Philip vor drei Jahren geschenkt hatte. Wir hatten sie alle die Jahre nie angerührt und stattdessen irgendwo verstauben lassen. Aber nun musste ich sie unbedingt haben, damit ich den geharnischten Leserbrief an die Tageszeitung mit seriöser Quellenangabe liefern konnte. Nach längerem Suchen fand ich die Bibel. Ich setzte mich an den Tisch und suchte nach dem in der Versammlung gehörten Text. Während ich so dies und jenes kurz lesend überflog, denn ich wusste nicht, wo der gesuchte Text zu finden war, spürte ich plötzlich, dass ich beobachtet wurde, dass Augen auf mich gerichtet waren. Ich sah das wie über meinen Brillenrand hinweg. Ich schaute auf – und schaute direkt in die Augen meines Hundes, der vor meinem Tisch stand. Es schien, als ob der Hund nur darauf gewartet hätte, dass ich ihn endlich anschaute. Welche Situationskomik! Ich musste spontan lachen. In diesem Augenblick hob mein Hund sein Hinterbein und pinkelte auf den Boden, mich dabei unverwandt anschauend, als wollte er sagen: »Ha, schau nur! Ich mache, was ich will! Mir ist egal, was du dazu sagst!« Wie von einer Biene gestochen, sprang ich von meinem Platz auf und packte den Hund. Dem reiße ich das Fell vom Leib!, war mein erster Gedanke. Diese Frechheit! Pinkelte der mir direkt vors Angesicht! Er machte nicht einmal Anstalten, sich bei seinem Tun zu verstecken, so hinter dem Sofa oder den Gardinen! Nein, der wartete sogar darauf, bis ich endlich hinschaute! Ich kochte und krallte meine Finger in sein Fell. Da fiel es mir wie Schuppen von den Augen: Du machst es Gott gegenüber genau gleich! Du sündigst Gott genauso direkt ins Angesicht. Du versuchst dich auch nicht mehr zu verstecken. Wie ein Film lief mein Leben in Sekundenschnelle vor meinem inneren Auge ab. Das Blut stieg mir in den Kopf. Schamröte überkam mich, Schrecken über das Bild meiner selbst. Ich war eine Sünderin vor Gott. Alle seine Gebote hatte ich übertreten, wissentlich und willentlich! Auf einmal war es mir völlig klar: Diese große Sündenschuld konnte Gott nicht einfach mit einem großmütigen: »Ist nicht so schlimm!« vom Tisch wischen. Sondern da musste seine Gerechtigkeit sprechen: »Weiche von mir, du Übeltäter, ich kenne dich nicht!« Ich war wie gelähmt. Das müsste Hölle sein! Sich vor Gott schuldig, richtig schuldig zu wissen. Seines Wohlwollens und seiner Liebe für immer und ewig verlustig, beraubt! Plötzlich verspürte ich, dass Gott der einzige war, von dem ich geliebt und angenommen sein wollte. Nur seine Liebe war wirkliche Liebe. Er war der einzige, echte, wahre Maßstab der Liebe. Alles andere, Menschenliebe und Menschenehre, schienen geradezu lächerliche Zerrbilder dieser einen wirklichen Liebe zu sein. Und die hatte ich nun verscherzt. Nie und nimmer war das Vergangene rückgängig oder wiedergutzumachen. Die Türe war verschlossen. Und wieder hörte ich das unwiderrufliche Urteil: »Weiche von mir, du Übeltäter. Ich kenne dich nicht!« Das war Hölle! Doch dann kamen mir wie aus großer Ferne die weiteren Worte des Evangelisten in Erinnerung. Wie hatte er noch gesagt? Jesus Christus, Gottes Sohn, hat für meine Schuld und Sünde mit seinem Tod am Kreuz gebüßt. Er hat meine Schuld vor Gott bezahlt und sie getilgt. Und was bezahlt ist, ist man nicht mehr schuldig. Und was getilgt ist, ist nicht mehr da! »Fürwahr, er war durchbohrt um unserer Sünden, zerschlagen um unserer Verschuldungen willen; die Strafe liegt auf ihm, auf dass wir

Frieden hätten. In seinen Wunden sind wir geheilt!« (Jesaja 53,5). Wie durch einen gewaltigen Scheinwerfer fiel plötzlich allerhellstes Licht in meine Seele. Ich spürte eine unbeschreibliche Liebe und Wärme und Annahme bei Gott. Da war nichts Trennendes mehr zwischen Gott und mir. Ich fühlte mich völlig angenommen von ihm. Jesus Christus, der einzige Mittler zwischen Gott und Menschen, hatte dies für mich getan! Der Unschuldige für den Schuldigen! Durch seinen Sühnetod war Gottes Gerechtigkeit Genüge getan. Ich war bis ins Tiefste erschüttert über diese Erkenntnis und weinte hemmungslos. Es war das Weinen eines soeben wiedergeborenen Christen. So übereignete ich in jener Nacht mein Leben völlig Gott und lebe seither in einer innigen Beziehung zu meinem Retter und Erlöser Jesus Christus. Diese liebliche Zweisamkeit mit Gott beschränkt sich nicht ausschließlich auf das Privatleben, ist nicht Privatsache, sondern damit lässt sich auch im »knallharten Business« leben! Wie stünde es denn einem Verheirateten an, wenn er während des Geschäftsalltages, im Gespräch mit Geschäftspartnern, Vorgesetzten oder Untergebenen immer peinlich darauf achten würde, dass nur ja niemand erfährt, dass er zu Hause eine Frau hat, und diese zudem noch liebt! Oder das Umgekehrte: Frauen können es ja nicht lassen, bei jeder Gelegenheit Meinung oder Wesenszüge des Ehemannes mit ins Gespräch einfließen zu lassen! Hätte es mir da anders gehen sollen, wo ich doch mit dem Liederdichter Joseph Seriven aufs Gewisseste einstimmen kann: »Welch ein Freund ist unser Jesus, o wie hoch ist er erhöht! Er hat uns mit Gott versöhnet … !« Darum: Soli deo gloria – Gott allein die Ehre!

134

Helen Müller-Frei, geb. 1945, ist Mutter eines Sohnes und Grossmutter. Vor vielen Jahrzehnten hatte sie eine entscheidende Gotteserfahrung, die ihr Leben und Wirken nachhaltig prägte. Sie machte im knallharten Business Karriere und leitete in Aarau eine Liegenschaftsverwaltung. Darüber schrieb sie 1997 unter ihrem ledigen Namen *Helen Frei* das hier in
Neuauflage vorliegende Buch *Zu Befehl, Herr Direktor!* Eine besondere Berufung führte dazu, dass sie Karriere, Beruf und Wohnort aufgab und in den Sekretariatsdienst der Schweizerischen Pfingstmission in Emmetten wechselte. Dort lernte sie ihren Ehemann Edgar Müller kennen, der nach wenigen Ehejahren starb. Danach engagierte sich Helen Müller wieder vermehrt voll Hingabe im christlichen Coaching von Kindern, Jugendlichen und jungen Erwachsenen, zu denen sie immer einen guten inneren Draht hatte. Dann kehrte sie wieder in ihre alte Heimat Aarau zurück, wo sie viele Jahre in jugendlicher Frische die Seniorenarbeit der Freien Christengemeinde leitete, die sie inzwischen in jüngere Hände abgegeben hat. Ihre lebensnahen und scharfsinnigen Inputs, die Jung und Alt begeisterten, hatte sie in ihrem 2016 erschienen Buch *Frei, Freier, am Freisten* veröffentlicht. Es geht ihr darin hauptsächlich um die Freiheit, sich selbst zu sein! Frei von Manipulation und Knechtschaft der Religiosität. Mit einem weiteren soeben erschienen Buch *Kleiner Mut, wohin?* möchte die Autorin den Menschen Mut machen, sich mehr zuzutrauen und Grosses zu wagen.

Die Autorin hat eine einzige Leidenschaft: Sie will mit ihren Büchern die Güte Gottes verkündigen und seine übernatürlichen Hilfen in ausweglosen Situationen in den Fokus stellen. So auch im vorliegenden Buch *Zu Befehl, Herr Direktor!* Viele ermutigende Feedbacks haben sich im Laufe der Jahre angesammelt, die allesamt den gleichen Tenor haben: »Glaubensstärkend, erfrischend, frohmachend, originell, ehrlich, zu Herzen gehend, Mut machend...« Viele davon stammen von Männern und Frauen in Chefetagen.